图书在版编目（CIP）数据

中国古代名言警句 / 彭争铭编译. --西安：三秦出版社，2017.9（2019.5重印）

（中华经典国学口袋书 / 徐喜平主编）

ISBN 978-7-5518-1577-2

Ⅰ. ①中… Ⅱ. ①彭… Ⅲ. ①格言－汇编－中国－古代②警句－汇编－中国－古代 Ⅳ. ①H136. 3

中国版本图书馆CIP数据核字（2017）第195444号

出 品 人　支旭仲
项目策划　匡俊英　白忠平
责　　编　何飞燕
封面设计　陈　非
版式设计　高东海
内文排版　白英华

出版发行　陕西新华出版传媒集团　三秦出版社
地　　址　西安市北大街147号
电　　话　（029）87205121
网　　址　http: / / www.sqcbs.cn

规　　格　720mm × 910mm　1/32
　　　　　印张7　彩插7　字数55千字
印　　刷　西安新华印务有限公司（独家承印）
版　　次　2017年9月第1版　　2019年5月第4次印刷
标准书号　ISBN 978-7-5518-1577-2
定　　价　18.00元

凡有缺页、倒页、脱页，可与工厂直接调换。电话：029-84273850

中国古代名言警句

彭争铭 · 编译

三秦出版社
陕西新华出版传媒集团

中国古代名言警句

彭争锋·编译

三秦出版社
陕西新华出版传媒集团

出版说明

中华文明源远流长，上下五千年，圣贤相继，英才辈出，他们殚精竭虑、呕心沥血，为后人留下了一部部经典作品。这些“经典”如同金砖玉瓦，构建成了一座金碧辉煌的殿堂，我们称之为“国学”。其内容宏富，博大精深，可谓是中华思想文明的浓缩，中国传统文化的精髓，是先贤遗留下的宝贵精神财富，值得好好传承和大力弘扬。越来越多的人们认识到其价值，读国学、诵经典的热潮正在蓬勃兴起，既有数字阅读的风生水起，更有坚守或者回归传统纸质阅读的蔚然成风。

读纸质书，无疑有着其他阅读方式所无法比拟的独特体验，一册在手，可以边读边做批注、写札记、勾画重点，也可以掩卷深思，细细品读。这种探究式阅读方式，有利于人们学习知识、启迪智慧、提升修养、提高境界，也有利于培养孩子们安静学习、锤炼思想、闻着书香做学问的良好习惯。

为了倡导全民阅读，特别是推进纸质阅读，营造爱书、品书氛围，同时考虑到当下人们的生活日趋丰富多彩且节奏加快，闲暇时间越来越碎片化，读书时间相对减少，我们从浩如烟海的国学经典中精心遴选了80部，并对书的内容作了适度精简，编辑出版了“中华经典国学口袋书”系列丛书，希望吸引更多的人回归传统阅读，重视国学经典。“口袋书”，顾名思义就是可以放在口袋里的书籍，其目的就是为读者奉献易于携带、便于翻阅、开卷有益的精神食粮。使他们于居家出行、茶余饭后，随时信手展读，含英咀华，增知怡情。

本丛书涵盖了经史子集、诗词曲赋、笔记信札、经典名句赏析，可谓贯通古今、包罗万象，能够最大限度满足各层面读者的阅读需求。书中既有对照古籍原文的“白话文”，又有介绍典故出处、时代背景、人物事迹等辅助阅读的“注释”，还配以帮助读者理解和提高的“赏析”。使对国学造诣程度各异的读者都可以做到读通、读懂，真正做到了老少皆宜、雅俗共赏。

这套书不仅在内容上编排严谨、注解精当；在外观上也充分彰显书籍之美，版式新颖，设计考究、印装精美，必定会成为您工作生活中的良师益友，带给您全新的阅读感受。

前　言

中华民族有着悠久而光辉灿烂的文化传统。几千年来，它浸润着人们的心灵，陶冶着人们的情操，养育了一代又一代中华儿女，培育出了许多伟人、智者和英雄豪杰，为人类历史留下了宝贵的人生智慧和人文遗产，人类历史也因为他们的成就而缤纷多彩。他们留下的真知灼见，经历了千百年的“大浪淘沙”后，成为今天人们公认的至理名言。

在言谈或写作中，一句精辟的名言名句的引用，往往使人谈吐生色、文笔增辉。或如画龙点睛，一语中的；或则言简意赅，意在言外；或则妙语解颐，趣意横生。

我国古诗文卷帙浩繁，如何引用其中名句，对博览群书、学有根基的读者来说，固可以信手拈来，出口成诵。但对多数古诗文爱好者和写作爱好者来说，却是欲引难寻，索之忘源，难于采撷。我们想，倘能将一些名句分类汇编成文，对于检索前人的见解和论述，必将大有裨益；对于欣赏和借鉴前人精华，亦将受益匪浅。从这一愿望出发，我们从先秦至晚清的大量诗文中，选录了近千条名言警句，编辑成书，以飨读者。

本书按内容分成十类，每一句均注明作者和出处，方便读者查询。考虑到读者的知识水平的差异，我们对难解字、难解句子进行了简单的注释、翻译，供读者理解参考。

目 录

人事篇……001
德行篇……035
志向篇……078
处事篇……096
生活篇……134
世道篇……152
治学篇……165
政治篇……188
军事篇……210
说理篇……212

人 事 篇

力可以得天下，不可以得匹夫匹妇之心。

【出处】宋·苏轼《潮州韩文公庙碑》

【释义】通过武力可以征服天下，却不能得到天下平民百姓忠心的拥护。

事在是非，公无远近。

【出处】唐·张九龄《与李让侍御书》

【释义】只要是非清楚，为公事举荐人才，不必考虑与自己关系的亲疏远近。

才者璞也，识者工也。良璞授于贱工，器之陋也；伟才任于鄙识，行之缺也。

【出处】五代·王定保《唐摭言·四凶》

【释义】人才就像未经雕琢的玉石，发现人才的人像做玉的工匠。好的玉石落到技术低劣的工匠手里，做出来的玉器一定简陋；有卓越才能的人在见识短浅的人的手下做事，做出来的事情也一定十分欠缺。

乐易者常寿长，忧险者常夭折。

【出处】 战国·荀况《荀子·荣辱》

【释义】 乐观的人长寿，忧虑的人短命。

人生不满百，常怀千岁忧。

【出处】 汉乐府《西门行》

【释义】 人生不满百岁，却常常为千年的事情担忧。

狂夫之言，圣人择焉。

【出处】 汉·司马迁《史记·淮阴侯列传》

【释义】 择：选择。狂人说的话，圣人也要听他是否有正确之处。

人才难得而易失，人主不可不知之。

【出处】 清·梁佩兰《金台吟》

【释义】 人主：君主。有才能的人难以得到而又容易失去，做君主的不能不清楚这一点。

少壮轻年月，迟暮惜光辉。

【出处】 南朝·梁《赠诸旧游》

【释义】 年轻时不重视岁月的流逝，年老时才知道珍惜时光的宝贵。

天生万物，唯人为贵。

【出处】 汉·刘向《说苑·杂言》

【释义】 在天地生存的万物之中，只有人类是最宝贵的。

少年辛苦终身事，莫向光阴惰寸功。

【出处】 唐·杜荀鹤《题弟侄书堂》

【释义】 少年时代勤奋努力，将为一生的事业扎下根基。不能在这大好的时光里有一丝一毫的懒惰。

黑发不知勤学早，白首方悔读书迟。

【出处】唐 · 颜真卿《劝学》

【释义】黑发：指年轻时。白首：白头，指年老时。年轻时不知道趁早勤奋学习，年老了就后悔读书太晚了。

朝露贪名利，夕阳忧子孙。

【出处】唐 · 白居易《不致仕》

【释义】朝露：早晨的露水，比喻年轻时。夕阳：落山的太阳，比喻年老时。年轻时贪图名利，年老时担忧子孙。

金乌长飞玉兔走，青鬓长青古无有。

【出处】唐 · 韩琮《春愁》

【释义】金乌、玉兔：古代传说太阳中有三足乌，月亮中有白兔。日月穿梭，时光流逝，自古以来没有青春常在的事情。

人情忌殊异，世路多权诈。

【出处】唐 · 韩愈《县斋有怀》

【释义】世人所顾忌的是感情变化无常，世间人事偏偏多权变奸诈。

节欲则民富，中听则民安。

【出处】 春秋·晏婴《晏子春秋·内篇·问下》

【释义】 中：不偏不倚。听：听案，管理讼案。君主节制个人奢欲，人民就会富裕起来；公正评判讼事，人民就会感到心安。

君子见机而作，愚者暗于成事。

【出处】 宋·李觏《易记》

【释义】 有德行的人，总是抓住适当时机而有所作为；昏庸的人，不懂得把握时机而办不成事。

无翼而飞者声也，无根而固者情也。

【出处】 春秋·管仲《管子·戒》

【释义】 没有翅膀但能飞走的是声音，没有根但能牢固的是友情。

雨中黄叶树，灯下白头人。

【出处】 唐·司空曙《喜外弟卢纶见宿》

【释义】 风雨中树叶已枯黄，青灯下人已衰老。

三人行，必有我师焉，择其善者而从之，其不善者而改之。

【出处】 《论语·述而》

【释义】 三个人在一起走，其中必定有值得我效法的人，选取他们的长处加以学习，发现他们的缺点便对照自己加以改正。

三军可夺帅也，匹夫不可夺志也。

【出处】 《论语·子罕》

【释义】 三军：周代诸侯大国多设中、上、下或中、左、右三军。这里作军队的通称。匹夫：指普通人，平民百姓。三军的主帅可以被人夺取，一个普通人的志向却不能被人强迫改变。

不识庐山真面目，只缘身在此山中。

【出处】 宋·苏轼《题西林壁》

【释义】 缘：因为。之所以看不清庐山的真实面目，只是因为你置身于此山当中。

不清不见尘，不高不见危。

【出处】 汉 · 王充《论衡 · 自纪》

【释义】 没有清白就显不出尘污，没有高峻就显不出危险。

仁者见之谓之仁，知者见之谓之知。

【出处】 《易 · 系辞上》

【释义】 仁者：指有仁德的人。知：通“智”，聪明。有仁德的人看见它说它符合仁的要求，聪明的人看见它说它符合智的要求。

良将不怯死以苟免，烈士不毁节以求生。

【出处】 晋 · 陈寿《三国志 · 魏书 · 庞德传》

【释义】 怯死：怕死。苟免：姑且免除祸害。毁节：败坏节操，毁坏品德。好的将领，不会以贪生退缩来免除目前的灾祸，壮烈之士，不会毁掉自己的名节而求活命。

春蚕到死丝方尽，蜡炬成灰泪始干。

【出处】 唐 · 李商隐《无题》

【释义】 蜡炬：蜡烛；炬，火把。成灰：烧成了灰。春蚕吐丝一直不断，到死才尽；蜡烛直到燃烧完结，像泪水的蜡油方才停止流淌。

生当作人杰，死亦为鬼雄。

【出处】 宋 · 李清照《乌江》

【释义】 活着应当做人中豪杰，死了也要作鬼中的英雄。

人生自古谁无死，留取丹心照汗青。

【出处】 宋 · 文天祥《过零丁洋》

【释义】 丹心：赤心。汗青：史册。自古以来，没有人能够不死的，但是在生命结束的时候，应该使自己献身国家的赤诚之心，在史书上留下光辉，照耀后人。

粉骨碎身全不怕，要留青白在人间。

【出处】 明·于谦《石灰吟》

【释义】 为人要正直高尚，哪怕因此而丧失生命。

圣人不利己，忧济在元元。

【出处】 唐·陈子昂《感遇诗三十八首》

【释义】 济：接济，帮助。元元：平民百姓。圣人不为自己争利，他所要关心、救助的是普天下的老百姓。

知人者智，自知者明。

【出处】 春秋·老子《道德经》

【释义】 能了解别人的人最智慧，能了解自己的人最聪明。

人生由来不满百，安得朝夕事隐忧。

【出处】 明·于谦《静夜思》

【释义】 人生本来不过百年，无须整日自寻烦恼。

无意怀人偏入梦，有心看月未当圆。

【出处】 清·方贞观《断句》

【释义】 无意怀念的人偏偏进入梦中，有心去赏看明月却偏偏不圆。

众心成城，众口铄金。

【出处】 《国语·周语下》

【释义】 万众一心就会变成坚固的城堡，众口一辞就会熔化坚硬的金属。

君子泰而不骄，小人骄而不泰。

【出处】 《论语·子路》

【释义】 泰：安详，平和。君子为人安和而不傲慢，小人傲慢而不安和。

以欲从人则可，以人从欲鲜济。

【出处】 春秋·左丘明《左传·僖公二十年》

【释义】 鲜：少。济：成功。使自己的欲望服从别人是可以的，使别人服从自己的欲望是很少成功的。

市之无虎明矣，然而三人言而成虎。

【出处】 汉·刘向《战国策·魏策二》

【释义】 街上没有老虎是非常明了的，但是三个人说街上有老虎，人们就信以为真了。

宁有瑕而为玉，毋似玉而为石。

【出处】 明·张居正《辛未会试录序》

【释义】 瑕：玉上的杂斑。毋：不要。宁可做一块有杂斑的美玉，也不要做貌似美玉的石头。

自暴者，不可与有言也。自弃者，不可与有为也。

【出处】 战国·孟轲《孟子·离娄上》

【释义】 自己残害自己的人不可以与之交谈，自己抛弃自己的人不可以与之共事。

吉人之辞寡，躁人之辞多。

【出处】 《易·系辞下》

【释义】 贤良的人言语少，浮躁的人言语多。

知贤之谓明，辅贤之谓能。

【出处】 战国·荀况《荀子·解蔽》

【释义】 能识别贤人就叫明智，能辅助贤人就叫贤能。

持之有故，言之成理。

【出处】战国·荀况《荀子·非十二子》

【释义】持：把持，坚持。故：缘故，根据。所持的见解和主张有一定的根据，说话必须有一定的道理。

言者无罪，闻者足戒。

【出处】春秋·孔丘《诗经·大序》

【释义】提意见的人只要是善意的，即使提得不正确，也是没有罪过的；听意见的人即使没有对方所提的缺点错误，也值得引以为戒。

言不苟出，行不苟为；择善而后从事。

【出处】汉·刘安《淮南子·主术训》

【释义】苟：随便，任意。为：干。话不要随便说出口，事不可任意而为；要选择有益的言行，然后才可以行动。

言多令事败，器漏苦不密。

【出处】三国·魏·孔融《临终诗》

【释义】令：使。苦不密：被不密所苦。话说多了会导致事情失败，器物漏水是由于它不严密。

肉腐出虫，鱼枯生蠹。怠慢忘身，祸灾乃作。

【出处】 战国·荀况《荀子·劝学》

【释义】 蠹：蛀虫。作：发生。肉腐烂了就会长虫子，鱼枯死后就会生蛀虫。一个人懈怠懒散到了忘乎所以的时候，灾祸就会发生。

无冥冥之志者，无昭昭之明；无惛惛之事者，无赫赫之功。

【出处】 战国·荀况《荀子·劝学》

【释义】 冥冥：形容专心致志。昭昭：明显，显著。惛惛：形容埋头苦干。赫赫：盛大，巨大。不能专心致志、刻苦钻研的人，在学习上就不会有明显的进步；不能默默无闻、埋头苦干的人，在事业上就不能取得巨大的成就。

君子成人之美，不成人之恶。

【出处】 《论语·颜渊》

【释义】 君子成全别人的好事，而不助长别人的恶处。

不以言举人，不以人废言。

【出处】 《论语·卫灵公》

【释义】 不因说话动听就提拔他，不因别人的品德不好就废弃他的正确意见。

君子周而不比，小人比而不周。

【出处】 《论语·为政》

【释义】 道德高尚的人以道义与人结合而不结党，品行卑劣的人好以私利互相勾结而不考虑道义。

不念旧恶，怨是用希。

【出处】 《论语·公冶长》

【释义】 是用：因此。希：通“稀”，少。不计较别人的旧恶，因此别人的怨恨就少。

烈士多悲心，小人偷自闲。

【出处】 三国·魏·曹植《杂诗六首》之六

【释义】 烈士：有志于功业而视死如归的人。悲心：忧心。偷：苟且。有雄心壮志的人常常为国家担忧，世俗庸人则总是苟且偷生，贪图安逸。

鸷鸟之不群兮，自前世而固然。

【出处】战国 · 屈原《离骚》

【释义】鸷鸟：指鹰隼之类的猛禽。雄鹰不和燕雀同群，自古以来就是这样。比喻忠正刚强的人不合于俗世。

愚者暗于成事，智者见于未萌。

【出处】汉 · 刘向《战国策 · 赵策二》

【释义】暗：糊涂，不明白。成事：已成之事。未萌：尚未出现之事。愚蠢的人对于已经成了的事实还昏昧不明，聪明的人则在事情还没有萌发的时候就已有所觉察了。

廉者憎贪，信者疾伪。

【出处】宋 · 欧阳修等《新唐书 · 陈子昂传》

【释义】廉：清廉，廉洁。信：讲究信用。疾：痛恨。伪：弄虚作假。廉洁之士憎恨贪得无厌，守信用的人痛恨弄虚作假。

羁鸟恋旧林，池鱼思故渊。

【出处】晋 · 陶潜《归园田居》之一

【释义】羁鸟：指关在笼子里的鸟。故渊：指原来的潭水。关在笼子里的鸟眷恋过去的树林，捕来养在池子里的鱼思念原来的潭水。

相马失之瘦，相士失之贫。

【出处】 汉·司马迁《史记·滑稽列传》

【释义】 观察一匹马，往往因为它表面上瘦弱而错认为是一匹劣马；评价一个人，往往因为他贫穷和没有地位而错误地认为不可取。

人固未易知，知人亦未易也。

【出处】 汉·司马迁《史记·范雎蔡泽列传》

【释义】 人本来不容易被人所了解，而要了解别人也未必容易。

知人者以目正耳，不知人者以耳败目。

【出处】 三国·魏·刘劭《人物志·七缪》

【释义】 能识别人的人，用亲眼目睹去纠正传闻的谬误；而不会识别人的人，则根据传闻去否定观察的结果。

听言必审其本，观事必校其实，观行必考其迹。

【出处】 晋·傅玄《傅子》

【释义】 听他说话一定要审察其本质，看他做事一定要检验其实效，看他行为一定要核查他以往所作所为的痕迹。

知天而不泥于神怪，知人而不遗于委琐。

【出处】唐·刘禹锡《答饶州元使君书》

【释义】了解天就不能拘泥于神怪，了解人就不能遗漏地位低下的人。

经事还谙事，阅人如阅川。

【出处】唐·刘禹锡《酬乐天咏老见示》

【释义】经历的事情多了，懂得的事情才多，看过的人多了，阅历就像溪水汇成江河一样也增多了。

邪人必微，邪谋必阴。阴则难明，微则易信。

【出处】唐·刘禹锡《上杜司徒书》

【释义】奸邪的人必定表现乖巧，奸邪的计谋必定很隐蔽。隐蔽就难以被发觉，乖巧就容易被信任。

持索捕风几时得，将刀斫水几时断。

【出处】唐·韦应物《难言》

【释义】索：绳索。得：捉到。将：持，拿着。斫：砍。拿着绳子去捉风，什么时候能捉到？拿着刀去砍水，什么时候能砍断？办不到的事偏要干，只能徒劳无功。

君子过人以为友，不及人以为师。

【出处】春秋·晏婴《晏子春秋·外篇不合经术者》

【释义】君子对待别人，如果自己超过别人，就以对方为朋友；如果自己不及别人，就以对方为老师。

恶言不出于口，忿言不反于身。

【出处】战国·子思《礼记·祭义》

【释义】不说难听的话伤害别人，那就不会有难听的话伤害自己。

骄溢之君无忠臣，口慧之人无必信。

【出处】汉·刘安《淮南子·缪称训》

【释义】骄奢的君王没有忠臣，说话动听的人不一定可信。

人不可貌相，海水不可斗量。

【出处】明·吴承恩《西游记》

【释义】相：观察。人不可以用外貌来衡量，海水不可以用斗来称量。

小人有恶中之善，君子有善中之恶。

【出处】明·庄元臣《叔苴子内篇》卷五

【释义】君子：有才德的人。小人一般而言很坏，但坏中也有好的一面；君子一般而言很好，但好中也有不好的一面。

世有雷同之誉而未必贤也，俗有欢哗之毁而未必恶也。

【出处】晋·葛洪《抱朴子·广譬》

【释义】誉：称赞，赞美。毁：诽谤。受到众人称赞的人不一定是贤人，受到世俗胡乱诽谤的人不一定是坏人。

沐猴而冠带，知小而谋强。

【出处】三国·魏·曹操《薤露行》

【释义】沐猴：猕猴。知：通“智”，智慧、才干。才智低下的人谋求做大事，就像猕猴戴上帽子穿上衣服冒充人一样。

贤愚在心，不在贵贱；信欺在性，不在亲疏。

【出处】汉·王符《潜夫论·本政》

【释义】是贤是愚取决于人的思想，不在于人的富贵与贫贱；诚实还是伪诈，取决于人的本质，而不在于亲近还是疏远。

闻而不审，不若无闻。

【出处】 秦·吕不韦《吕氏春秋·察传》

【释义】 审：详细考察。听到的事情如果不详细分析、考察，还不如什么话也没有听到。

怒中之言，必有泄漏。

【出处】 明·冯梦龙《东周列国志》第四十六回

【释义】 人在愤怒之时说的话，肯定会有机密泄漏出来。

谆谆而后喻，諰諰而后服。

【出处】 宋·王安石《庄周下》

【释义】 谆谆：恳切地教导。諰（náo）諰：据理论辩。经过恳切教导之后才会使人明白道理，经过据理辩驳之后才会使人心悦诚服。

谀言顺意而易悦，直言逆耳而触怒。

【出处】宋·欧阳修《为君难论下》

【释义】谀：阿谀，奉承。悦：高兴。逆耳：指听起来让人感到不舒服的话。触怒：触动怒气。奉承的话，听了不但顺心而且容易讨人喜欢；正直的话，听了不但刺耳而且还容易惹人恼怒。

喜为异说而不让，敢为高论而不顾。

【出处】宋·苏轼《荀卿论》

【释义】异说：与众不同的学说。让：退让。高论：与众不同的伟论。顾：顾忌。喜欢提出离经叛道的学说，在论辩中从不肯退让；敢于陈述与众不同的言论，而对于个人的处境无所顾忌。

偏听生奸，独任成乱。

【出处】汉·司马迁《史记·鲁仲连邹阳列传》

【释义】生奸：使奸邪产生。独任：指独断专行。成乱：使祸乱形成。偏听一方面的话，就会使奸邪得逞；独断专行地处事，就会使祸乱形成。

破松见贞心，裂竹看直文。

【出处】唐·孟郊《大隐坊·崔从事郧以直隳职》

【释义】破开松才见到坚贞之心，裂开竹方可看到直纹。

虽笑未必和，虽哭未必戚。面结口头交，肚里生荆棘。

【出处】唐·孟郊《择友》

【释义】虽然在笑，但内心却不一定舒畅；虽然在哭，但内心不一定悲伤。表面口头甜蜜的结交朋友，肚子里却尽是险恶。

逢人不说人间事，便是人间无事人。

【出处】唐·杜荀鹤《赠质上人》

【释义】见人不谈论人间之事，就是超凡脱俗之人了。

厚于味者薄于德，沈于乐者反于忧。壮而怠则失时，老而解则无名。

【出处】秦·吕不韦《吕氏春秋·达郁》

【释义】解：松懈。无名：无善终之名。贪图美味的人就会品德鄙薄，沉湎于享乐的人反会招致忧患。年轻时候怠惰就会失去时机，年老而松懈就不会有善终的名声。

谏不足听者，辞不足感心也。

【出处】唐·韩愈《上张仆射第二书》

【释义】谏：劝说。不足听：不能使人听从。辞：措词。如果真诚地规劝还不能使人听从，那是因为措词不能感动人心。

巢居者先知风，穴处者先知雨。

【出处】汉·王充《论衡·实知》

【释义】先：预先。知：知道，感知到。在巢中居住的动物，能预先知道将要刮风；在洞中生活的动物，能预先知道将要下雨。

善言古者，必有验于今。

【出处】汉·班固《汉书·董仲舒传》

【释义】言：论说。有验于今：在现实中得到验证。

善于总结古代经验教训的人，所谈的道理必定能经得起现实的检验。

一灯能除千年暗，一智能灭万年愚。

【出处】《六祖法宝坛经·忏悔》

【释义】灯：指佛法。智：指佛智。有一盏灯能够驱除千年的黑暗，有一种智慧可以灭绝万年的愚昧。

圣人先忤而后合，众人先合而后忤。

【出处】汉·刘安《淮南子·人间训》

【释义】忤：抵触，违背。圣人是先提不同想法，然后再合作；而众人则是先合作，再因分歧而分手。

一死一生，乃知交情；一贫一富，乃知交态；一贵一贱，交情乃见。

【出处】汉·司马迁《史记·汲郑列传》

【释义】态：情形，情状。见：通“现”。生死时刻，才知道交情的深浅；贫富之间，才知道交情的变化；贵贱变化才能显现出交情的真假。

至正七年僕歸富春山居

無用師偕往暇日於南樓援筆寫成此卷興

之所至不覺亹亹布置如許逐旋填劄閱

三四載未得完備蓋因留在山中而雲遊在外

故爾今特取回行李中早晚得暇當為着筆

無用過慮有巧取豪敚者俾先識卷末庶

使知其成就之難也十年青龍在庚寅歜

至正七年仆歸富春山居
無用師偕往暇日於南樓援筆寫成此卷
興之所至不覺亹亹布置如許逐旋填劄
閱三四載未得完備蓋因留在山中而雲遊
在外故爾今特取回行李中早晚得暇當
為著筆無用過慮有巧取豪敚者俾先識
卷末庶使知其成就之難也十年青龍在庚寅

人必其自爱，然后人爱之；人必其自敬，然后人敬之。

【出处】汉·扬雄《法言·君子》

【释义】人必须自爱，别人才会爱他；必须自尊，别人才会尊敬他。

君子交有义，不必常相从。

【出处】三国·魏·郭遐叔《赠嵇康五首》

【释义】君子之交，重在情义，不必经常厮守相随。

知识明者君子，才巧胜者小人。

【出处】宋·林逋《省心录》

【释义】知识：见识。君子：有道德有修养的人。才巧：指小才小巧。懂大体、识大理的人是君子，而善于耍小聪明的人是小人。

相形不如论心，论心不如择术。

【出处】 战国·荀况《荀子·非相》

【释义】 相形：观察事物的外表。术：指思想方法。观察一个人的外表不如了解其内心，了解其内心不如衡量他立身处世的方法。

诬善之人其辞游，失其守者其辞屈。

【出处】 《易·系辞下》

【释义】 游：游移。守：操守。屈：理亏。诬陷忠良的人说话总是闪烁游移；丧失操守的人说话总是不能理直气壮。

路遥知马力，日久见人心。

【出处】 元·无名氏《争报恩》杂剧第一折

【释义】 遥：远。通过遥远的路途，才可以知道马到底有多大的力量；时间长了，才可以分辨出人心究竟是好还是坏。

口是祸之门，舌是斩身刀。

【出处】明·冯梦龙《古今小说·沈小官一鸟害七命》

【释义】嘴是产生祸患的门，舌头是斩杀自身的刀子。

不自见，故明；不自是，故彰；不自伐，故有功；不自矜，故长。夫唯不争，故天下莫能与之争。

【出处】春秋·老子《道德经》

【释义】自见：自我表现。伐：夸耀。矜（jīn）：骄傲。不自我表现，所以能显扬；不自以为是，所以能显明；不自我炫耀，所以才有功劳；不自高自大，所以能长久。正因为不与人争，所以天下没有人能与他相争。

君子自难而易彼，众人自易而难彼。

【出处】战国·墨翟《墨子·亲士》

【释义】君子能够自己承担艰难的事，而让他人承担容易的事；众人则自己承担容易的事，而让他人承担艰难的事。

观于海者难为水，游于圣人之门者难为言。

【出处】战国·孟轲《孟子·尽心上》

【释义】 游于圣人之门者：指在圣人门下受过教育的人。对于观看过大海的人，难以被其他的水所吸引；在受过圣人教诲的人面前，其它的言论也很难吸引他了。

两虎相斗，其势不俱生。

【出处】 汉·司马迁《史记·廉颇蔺相如列传》

【释义】 势：情势。不俱生：不共存。两只虎相争斗，则必定有一方受到伤害。

投之亡地然后存，陷之死地然后生。

【出处】 春秋·孙武《孙子兵法·九地篇》

【释义】 把士卒置于危险境地才能转危为安，得以保存自己；把士卒投入死亡之地才能起死回生，求得生机。

君子千言有一失，小人千言有一当。

【出处】 元·关汉卿《包待制智斩鲁斋郎》杂剧第一折

【释义】 有学问的人说一千句话不免有一处不妥当，平庸的人说一千句话也会有一句很中肯。

井鱼不可与语大，拘于隘也；夏虫不可与语寒，笃于时也。

【出处】汉·刘安《淮南子·原道》

【释义】拘：拘束，限制。隘：狭小。笃：困，局限。时：季节。生活在井里的鱼，无法同它谈论广阔的江海，因为它的视野拘束在狭小的井里；生活在夏季的昆虫，无法和它谈论冬天的寒冷，因为它的感知局限在夏天的节气里。

天下之难事，必作于易；天下之大事，必作于细。

【出处】战国·韩非《韩非子·喻老》

【释义】天下难办的事情，必定是从容易的事情做起来的；天下的大事业，必定是从细微的事情做起来的。

天下无事，则公卿之言轻于鸿毛；天下有事，则匹夫之言重于泰山。非智有所不能，而明有所不察，缓急之势异也。

【出处】宋·苏轼《御试制科策》

【释义】公卿：泛指大臣。鸿：大雁。匹夫：一般百姓。

智：头脑的聪慧程度。明：眼睛明亮，指观察能力。天下安定无事的时候，大臣们的谏言可能像鸿毛那样轻；天下出现不安定因素的时候，就连一般百姓的话也可能像泰山那样重。并不是人们的头脑不够聪慧，也不是人们的眼力不够敏锐，而是形势缓急的不同而造成了这个差异。

无稽之言勿听，弗询之谋勿庸。

【出处】《尚书 · 大禹谟》

【释义】稽（jī）：考核。询：征询意见。庸：用。没有经过考核的话不要听信，没有经过征询的谋略不能采用。

巧言乱德，小不忍则乱大谋。

【出处】《论语 · 卫灵公》

【释义】乱：损害，破坏。大谋：大计划。花言巧语就会损害人的德行，小事不知忍让就会破坏大的计划。

好面誉人者，亦好背而毁之。

【出处】战国 · 庄周《庄子 · 盗跖》

【释义】誉：称赞。毁：损毁，说坏话。喜欢当面奉承别人的人，也喜欢在背后说别人的坏话。

君子道其常，而小人计其功。

【出处】 战国·荀况《荀子·天论》

【释义】 君子按照道德准则来办事，而小人以利益多少来办事。

外举不避仇，内举不避子。

【出处】 秦·吕不韦《吕氏春秋·去私》

【释义】 举荐人才，对外则不回避自己的仇人，对内则不回避自己的儿子。

白圭之玷，尚可磨也；斯言之玷，不可为也。

【出处】 春秋·孔丘《诗经·大雅·抑》

【释义】 圭：上圆下方的玉。玷：白玉上的斑点，此处指说错了话。白玉上的斑点，还可以磨掉；但人的话若是说错了，那后果就无法补救了。

鸟之将死，其鸣也哀；人之将死，其言也善。

【出处】《论语·泰伯》

【释义】当鸟快要死去的时候，它的叫声是很悲哀的；而人快要死去的时候，他的遗言也是没有恶意的。

耳闻之不如目见之，目见之不如足践之。

【出处】汉·刘向《说苑·政理》

【释义】之：代指某种事情。足践之：亲自干这件事。从别人那里听来的事情，没有亲眼所见的可靠；亲眼所见，又不如亲自尝试去做。

君子言忧不言乐，然而乐在其中也；小人知乐不知忧，故忧常及之。

【出处】宋·叶适《习学记言序目·毛诗·国风唐》

【释义】君子谈论忧愁而不谈论快乐，但他们却有不尽的快乐；小人只知道快乐而不知道忧愁，所以忧愁常常降临在他们身上。说明思忧则乐，溺乐则忧。

君子坦荡荡，小人常戚戚。

【出处】《论语·述而》

【释义】 荡荡：广大，宽广。戚戚：忧愁哀戚。君子胸怀宽广，能够包容别人；小人斤斤计较，患得患失。

测浅者不可以图深，见小者不可以虑大。

【出处】 明·张居正《翰林院读书说》

【释义】 图：计谋。在浅水中测量的人不能够想出深水中的情况，终日只看到小事物的人不能够考虑重大问题。

以财交者，财尽而交绝；以色交者，华落而爱渝。

【出处】 汉·刘向《战国策·楚策一》

【释义】 渝：改变。以钱财交朋友，钱财用尽交情就断绝了；以美色交朋友，容貌褪去爱情就不存在了。

满招损，谦受益。

【出处】《尚书·大禹谟》

【释义】自满会招致损失，谦虚会得到益处。

爱人者兼及屋上之乌，不爱人者及其胥余。

【出处】《尚书·武成》

【释义】胥余：空空的墙壁。对喜欢的人，连他家屋顶上的乌鸦都喜欢；对不喜欢的人，连他家的墙壁都厌恶。

德　行　篇

见善则迁，有过则改。

【出处】《易·益卦》

【释义】见了善行就追随，有了过错立即改掉。

临患不忘国，忠也；思难不越官，信也；图国忘死，贞也。

【出处】春秋·左丘明《左传》

【释义】越：失坠，丢失。面对祸患不忘记国家，是忠诚；想到灾难而不放弃自己的职责，是诚信；为了国家舍生忘死，是坚贞。

从善如登，从恶是崩。

【出处】《国语·周语下》

【释义】顺随善良就如登天一样困难，顺随恶行就如山崩地裂一样迅速坠落。

推恩足以保四海，不推恩无以保妻子。

【出处】战国·孟轲《孟子》

【释义】将恩德广布于人就足可以保四海平安，不肯对人施恩则连自己的妻子儿女也保护不了。

君子喻于义，小人喻于利。

【出处】《论语·里仁》

【释义】喻：明白，知道。君子看重的是仁义，小人看重的是财利。

圣人之于善也，无小而不举；其于过也，无微而不改。

【出处】汉·刘安《淮南子·主术训》

【释义】圣人：聪明贤德的人。微：微细。大贤大智的圣人，对于善行，不会因为它太细小而不去做；对于过错，也不会因为它太轻微而不加以改正。

土积而成山阜，水积而成江海，行积而成君子。

【出处】汉·桓宽《盐铁论·执务》

【释义】阜：土山。泥土堆积高了就成为山峦，水流蓄积多了就成为江湖河海，好的行为积累多了就成为品德高尚的人。

善为国者必先治其身；治其身者慎其所习。

【出处】晋·陈寿《三国志·魏书》

【释义】善于治理国家的人一定要先修养好自身的德行，而修养好自身的德行就要养成自己良好的习惯。

富贵一时，名节千古。

【出处】清·张廷玉等《明史》

【释义】一时：片刻。千古：时间久远。荣华富贵只是片刻的事情，好的名誉与节操才会千古流传。

得道者多助，失道者寡助。

【出处】战国·孟轲《孟子》

【释义】道：道义。寡：少。合乎正义者就能得到多方面的支持与帮助，违背正义的就会陷入孤立无援的境地。

君子之德风，小人之德草。草上之风，必偃。

【出处】《论语·颜渊》

【释义】偃：倒下。君子的品德好比风，小人的品德好比草，风向哪边吹，草就向哪边倒。

货贿为贤所贱，德行为贤所贵。

【出处】 唐 · 张九龄《亲贤》

【释义】 货：钱财。贿：财物。贱：轻视。贵：重视。钱财被有德有才的人看得极轻，人的道德、品行被有德有才的人看得很重。

不患位之不尊，而患德之不崇。

【出处】 汉 · 张衡《应问》

【释义】 不要担心职位不够高，而应该想想自己的道德是不是完善。

居高声自远，非是藉秋风。

【出处】 唐 · 虞世南《蝉》

【释义】 在高树上的蝉不用借助风势，它的鸣叫声也能传很远。

酌贪泉而觉爽，处涸辙而犹欢。

【出处】 唐 · 王勃《秋日登洪府滕王阁饯别序》

【释义】 贪泉：人喝此泉水，怀无厌之欲。涸辙：比喻困境。纵然处在污浊的环境中，也能保持清白；即使处在极为艰苦的境地，依然能保持乐观。

清越而瑕不自掩，洁白而物莫能污。

【出处】 唐 · 刘禹锡《明赞论》

【释义】 清越：高超出众。瑕：玉石上的斑点，比喻缺点。污：污染。品德高尚、操守出众者，并不掩饰自己的缺点；纯净洁白者，外物并不能将其污染。

人有过失，己必知之；己有过失，岂不自知？

【出处】 宋 · 林逋《省心录》

【释义】 岂：怎能。别人有过失，自己一定知道；自己有过失，怎能自己会不知道？

鹄不日浴而白，乌不日黔而黑。

【出处】 战国 · 庄周《庄子 · 天运》

【释义】 天鹅不天天沐浴，而羽毛却是洁白的；乌鸦不天天暴晒，而羽毛却是黑色的。

为政以德，譬如北辰，居其所而众星共之。

【出处】《论语·为政》

【释义】用道德的信念来治理国家，就好比北极星，它虽然没有移动，但众星都环绕着它。

人之有德于我也，不可忘也；吾有德于人也，不可不忘也。

【出处】汉·刘向《战国策·魏策》

【释义】别人对我有恩德，不能忘记；而我对别人有恩德，则一定要忘记。

人之善恶，不必世族；性之贤鄙，不必世俗。

【出处】汉·王符《潜夫论·论荣》

【释义】世族：世家大族。性：才情。贤：多才。鄙：鄙俗，无才。世俗：平庸百姓。人的善恶，不是取决于他是否出身于世家大族；人的才智的好坏，也不是取决于他是否出身于平庸人家。

君子之道，暗然而日章；小人之道，的然而日亡。

【出处】战国·子思《礼记·中庸》

【释义】 暗然：暗淡的样子。章：彰明。的然：光亮鲜明的样子。君子的道深藏不露而日益彰明，小人的道显露无遗而日益消亡。

君子成人之美，不成人之恶。小人反是。

【出处】《论语·颜渊》

【释义】 君子成全人家的好事，不去助长别人的恶处。小人却与此相反。

但教方寸无诸恶，狼虎丛中也立身。

【出处】五代·冯道《偶作》

【释义】 方寸：心灵。狼虎丛中：比喻险恶污浊之地。只要心灵高洁，即使在险恶污浊的环境中也能够生存下去。

著是而去非，舍邪而适正。

【出处】宋·陆九渊《语录下》

【释义】 著：显著，明确。是：对的。非：不对的。邪：邪道，不合规矩。适：趋，到。正：正道，正轨。明确对的而去掉不对的，舍弃邪道而趋向于正道。

有则改之，无则加勉。

【出处】宋·朱熹《论语·学而》注

【释义】有某种错误就立即改正，假若没有这种错误，就要勉励自己不犯这样的错误。

种树者必培其根，种德者必养其心。

【出处】明·王守仁《传习录》

【释义】种树的人，一定从培植树根着手；立德的人，一定从修养自己的内心做起。

救寒莫如重裘，止谤莫如自修。

【出处】晋·陈寿《三国志》

【释义】重：重叠。裘：皮衣。谤：诽谤。自修：自我修养。抵御寒冷最好的办法是多穿件皮衣，阻止别人诽谤的最好的办法是修养自身的德行。

穷则独善其身，达则兼济天下。

【出处】战国·孟轲《孟子》

【释义】善：管好。穷困时就管好自身，显达时就为天下着想。

德之休明，不在位之高下。

【出处】唐·李白《武昌宰韩君去思颂碑》

【释义】 休明：美好旺盛。一个人的品德是否美好旺盛，不在于他的地位高低。

桃李不言，下自成蹊。

【出处】 汉·司马迁《史记·李将军列传》

【释义】 桃树和李树不会说话，但因其花朵鲜艳，果实可口，人们纷纷去摘取，于是便在树下踩出一条路来。比喻为人真诚笃实，德才兼备，自然就能感动别人，受到人们的敬仰。

德不孤，必有邻。

【出处】 《论语·里仁》

【释义】 有道德的人不会孤单，一定会有人和他交朋友。

前事不忘，后事之师。

【出处】 汉·刘向《战国策·赵策一》

【释义】 过去的经验教训很有意义，必须认真汲取。

质本洁来还洁去，强于污淖陷渠沟。

【出处】清·曹雪芹《红楼梦》

【释义】淖：烂泥。鲜花原本是纯洁地来到世上，还要让她纯洁地离去，不要让它陷落于泥沼沟渠之中。

鞠躬尽力，死而后已。

【出处】三国·蜀·诸葛亮《后出师表》

【释义】鞠躬：弯腰表示恭敬，引申为小心谨慎。已：停止。小心谨慎，尽心尽力，直到死去为止。

不以物喜，不以己悲。

【出处】宋·范仲淹《岳阳楼记》

【释义】以：因为。物：外物，指客观环境。喜，悲：均为互文，含有悲喜两层意思。不因为环境的好坏或个人的得失而改变自己的思想感情。

不知而言，不智；知而不言，不忠。

【出处】战国·韩非《韩非子·初见秦》

【释义】忠：忠诚，尽心竭力。不知道而说，不明智；知道了而不说，不忠诚。

见贤思齐焉，见不贤而内自省也。

【出处】《论语·里仁》

【释义】齐：赶上。省：检查，反省。见到有德行的人应该考虑怎样才能赶上他，而见到没有德行的人则应该反省自己。

目失镜则无以正须眉，身失道则无以知迷惑。

【出处】战国·韩非《韩非子·观行》

【释义】眼睛离开镜子就无法整理面容，做人失去道德准则就无法明辨是非。

义不负心，忠不顾死。

【出处】明·罗贯中《三国演义》第二十六回

【释义】负：辜负。顾：顾及。只要坚守道义就不会辜负自己的良心，坚守忠诚就不会顾及自己的生死。

小善不足以掩众恶，小疵不足以妨大美。

【出处】唐·吴兢《贞观政要·公平》

【释义】掩：遮掩。疵：毛病。妨：阻碍。很小的优点不能够掩盖大的缺点；同样，小的毛病不能够遮住崇高的美德。

天行健，君子以自强不息。

【出处】《易·乾》

【释义】健：强健，不知疲倦。天体从来都是不知疲倦地运行，因此君子也应该自强不息。

君子怀德，小人怀土；君子怀刑，小人怀惠。

【出处】《论语·里仁》

【释义】君子想的是道德，小人想的是安于本土；君子想的是法律的尊严，小人想的是小恩小惠。

君子义以为质，礼以行之，孙以出之，信以成之。

【出处】《论语·卫灵公》

【释义】质：本质。孙：通“逊”，恭顺，谦逊。君子为人处事以道义为根本，依照礼仪规范去实行它，用谦逊的语言去说明它，用诚实的态度去完成它。

君子义以为上，君子有勇而无义为乱，小人有勇而无义为盗。

【出处】《论语·阳货》

【释义】君子认为道义是最可贵的，假如君子只有勇敢，而不知道义，那就会造反作乱；假如小人只有勇敢而不知道义，那就会去做盗贼。

以镜自照见形容，以人自照见吉凶。

【出处】唐·张九龄《进千秋节金镜录表》

【释义】形容：容貌形象。吉凶：利害得失。用镜子可以看见自己的形象气色；把别人当作自己的镜子，可以看出自己的行为得失。

积思勉之功，旧习自除。

【出处】宋·陆九渊《语录下》

【释义】 勉：勉励。能够时时反省自勉，原来不好的习惯自然会消除。

栽培剪伐须勤力，花易凋零草易生。

【出处】 宋·苏舜钦《题花山寺壁》

【释义】 栽培花木要勤于剪枝培土，否则花儿容易凋落，而杂草容易蔓延。

他山之石，可以攻玉。

【出处】 春秋·孔丘《诗经·小雅·鹤鸣》

【释义】 他山：别的山。攻：琢磨。别的山上的石头，可以用来琢磨玉器。

木受绳则直，人受谏则圣。

【出处】 三国·魏·王肃《孔子家语·子路初见》

【释义】 谏：规劝，批评。圣：指“圣人”，即品德崇高的人物。木头用绳墨加工能变直，一个人能虚心听取别人的直言批评，就会成为高尚的人。

自知不自见，自爱不自贵。

【出处】 春秋·老子《道德经》

【释义】 自见：自我表现，见同“现”。自贵：自以为贵，自以为不凡。认识自己、了解自己，但不显示自己；自重、自爱，但不自以为高贵。

人皆知涤其器，而莫知洗其心。

【出处】晋·傅玄《傅子》

【释义】皆：全，都。涤：洗。器：器具。人们都知道应该把器具洗干净，却不知要经常清洗自己的内心。

为一身谋则愚，而为天下谋则智。

【出处】宋·苏洵《审敌》

【释义】只为自己打算的人就会变得愚蠢，一心为天下着想的人就会变得聪明。

劳苦之事则争先，饶乐之事则能让。

【出处】战国·荀况《荀子·修身》

【释义】遇到劳苦的事就争着去做，遇到享乐的事就让给别人。

勿以恶小而为之，勿以善小而不为。

【出处】 晋 · 陈寿《三国志 · 蜀书 · 先主传》

【释义】 不要因为坏事微小就去做，也不要因为好事轻微就不去做。

志善者忘恶，谨小者致大。

【出处】 汉 · 桓宽《盐铁论 · 褒贤》

【释义】 立志做好事的人不会去干坏事，谨慎小心的人往往会成就大事。

忧劳可以兴国，逸豫可以亡身。

【出处】 宋 · 欧阳修《五代史 · 伶官传序》

【释义】 辛勤操劳，艰苦奋斗，可以使国家兴旺；贪图安逸，肆情享乐，则可以使自身灭亡。

何意百炼刚，化为绕指柔。

【出处】 晋 · 刘琨《重赠卢谌》

【释义】 自叹历尽挫折，从刚强变为柔弱。语似自嘲，实则自励，并劝勉友人要坚强不屈。

饥不从猛虎食，暮不从野雀栖。

【出处】 汉·杂曲歌辞《猛虎行》

【释义】 猛虎：喻横暴不义之人。野雀：喻卑鄙小人。即使非常贫困也不会跟随横暴不义之人去作恶，即使非常窘迫也不会与卑鄙小人为伍。

良马不念秣，烈士不苟营。

【出处】 唐·张籍《西州》

【释义】 秣：牲口的饲料。烈士：有志气的人。苟：苟且。营：营求，钻营。良马志在千里，不会顾及草料的好坏；有志气的人以天下为己任，不会只顾谋求眼前的一点儿私利。

竹死不变节，花落有余香。

【出处】 唐·邵谒《金谷园怀古》

【释义】 竹子即使是死了，也不会改变它坚实的竹节；花儿即使飘落到地上，也依然保留着残余的芳香。

圣人之于善也，无小而不举；其于过也，无微而不改。

【出处】汉·刘安《淮南子·主术训》

【释义】善：长处，优点。举：擢用。圣人对于别人的长处，即使再小也会采纳、吸收；对于自身的过失，即使再小也会改正。

江海不与坎井争其清，雷霆不与蛙蚓斗其声。

【出处】明·刘基《郁离子》

【释义】坎井：坏井，废井。雷霆：雷暴，霹雳。蛙蚓：青蛙和蚯蚓，传说蚯蚓夏夜能鸣。长江和大海不会与废弃不用的水井去竞争谁更清澈，响雷不会与青蛙和蚯蚓比谁的声音更高。

志不强者智不达，言不信者行不果。

【出处】战国·墨翟《墨子·修身》

【释义】达：至，到。信：信用。果：有决断。意志不坚强的人，才智就不会太出众；不守信用的人，做事就不会决断。

学似海收天下水，性如桂奈月中寒。

【出处】宋·曾巩《寄晋州孙学士》

【释义】桂：传说月亮上有高五百丈的桂树。奈：即“耐”。学问要像收尽了天下水的大海一样渊博，性情要像月宫中经霜斗寒的桂树一样坚强。

仁之法，在爱人，不在爱我；义之法，在正我，不在正人。

【出处】汉·董仲舒《春秋繁露·仁义法》

【释义】仁爱的法规在于关心他人，不在于为个人谋利；正义的法规在于端正自己，而不在于强求于人。

不在逆顺，以义为断；不在憎爱，以道为贵。

【出处】南朝·宋·范晔《后汉书·刘梁传》

【释义】不论处于顺境还是逆境，应当以道义决断一切；不管憎恨还是喜欢，应当把道义放在首位。

志适不期贵，道存岂偷生。

【出处】唐·柳宗元《游石角过小岭至长乌村》

【释义】 只求志向能够适合时宜而不期望地位高贵，只要道义存在就不敢苟且求生。

智者不背时而侥幸，明者不违道以干非。

【出处】 唐 · 卢照邻《对蜀父老问》

【释义】 聪明人不违背当时的潮流以获得意外的利益，明智的人不违背道义却获得不应得到的一切。

不自反，则终日见人之尤也；诚反己，则终日见己之尤也。

【出处】 清 · 魏源《默觚 · 学篇》

【释义】 自反：自我反省。尤：过失。反己：反省自身。如果不肯经常反省自己，那么每天只能看见别人的短处；如果能够真心反省自己，那么每天都能看见自己的短处。

树高者鸟宿之，德厚者士趋之。

【出处】 汉·刘向《说苑》

【释义】 树长高了，鸟儿就会来筑巢；人的品德和名望高了，有识之士就会来归附。

芝兰生于深林，不以无人而不芳。

【出处】 三国·魏·王肃《孔子家语·在厄》

【释义】 香草生长在深幽的林中，不会因为无人看见而不芬芳。

振衣千仞冈，濯足万里流。

【出处】 晋·左思《咏史》

【释义】 在高山上整理衣冠，在长河中洗双足。

源浊者流不清，行不信者名必秏。名不徒生而誉不自长。

【出处】 战国·墨翟《墨子·修身》

【释义】 秏（hào）：同“耗”，损失。源头混浊的水流不会变得清澈，行为失信的人名声必受损害。名声不会无故产生，荣誉也不会自然来到。

心欲小而志欲大，智欲员而行欲方。

【出处】 汉·刘安《淮南子·主术训》

【释义】 欲：应该。员：同“圆”，灵活圆通。方：方正、正直。思考要谨慎细致，志向却应该高远、宏大；智慧应该灵活圆通，而行为却要真诚、正直。

宁直毋媚，宁介毋通，宁恬毋竞。

【出处】 清·王豫《蕉窗日记》

【释义】 宁：宁可。直：正直。毋：不要。媚：奉承献媚。介：耿介、耿直，有骨气。通：圆滑，变移。恬（tián）：淡泊，恬静。竞：追逐名利。宁愿正直而不去奉承拍马，宁愿耿直而不圆滑多变，宁愿淡泊而不去争名夺利。

【富春山居图】卷 局部［元］黄公望　中国台北故宫博物院藏　　26－2

【富春山居图】卷 局部 ［元］黄公望 中国台北故宫博物院藏 26－2

石虽可毁，坚不可销；丹虽可磨，赤不可灭。

【出处】南朝·梁·沈约《宋书·刘秀之列传》

【释义】坚：坚硬的本性。销：除去。丹：丹砂，朱砂。赤：红的本色。石头虽可打碎，但它坚硬的本性是消除不了的；朱砂虽可磨成粉末，但它红色的本性是磨灭不了的。

富贵不能淫，贫贱不能移，威武不能屈。

【出处】战国·孟轲《孟子·滕文公下》

【释义】淫：乱。移：改变。屈：屈服。富贵不能使我迷惑，贫贱不能使我的志向改变，威武不能使我屈服。

岁不寒无以知松柏，事不难无以知君子。

【出处】战国·荀况《荀子·大略》

【释义】岁：年。无以：没办法。不到寒冬时节，无法知道松柏的坚强性格；不遇到困难的事情，就不能显示君子的优良品德。

草木秋死，松柏独存。

【出处】汉·刘向《说苑·谈丛》

【释义】 一般草木，到秋天就枯萎而死；只有松柏，不怕霜冻，永不凋零。

怒不过夺，喜不过予。

【出处】 战国·荀况《荀子·修身》

【释义】 过：过分。恼怒时不过分地剥夺别人，高兴时也不过分地赐予别人。

古之得道者，穷亦乐，达亦乐，所乐非穷达也。

【出处】 秦·吕不韦《吕氏春秋·慎人篇》

【释义】 古时得道的人，困窘时也快乐，显达时也快乐，但使他们快乐的并不是困窘和显达。

贤人智士之于子孙也，厉之以志，弗厉以诈。

【出处】 汉·王符《潜夫论·遏利》

【释义】 贤人智士以高远的志向去劝勉子孙，而不以欺诈去鼓动他们。

泰山不让土壤，故能成其大；河海不择细流，故能就其深。

【出处】秦 · 李斯《谏逐客书》

【释义】泰山能够接纳土壤，所以才变得高大；河海能够包容小的河流，所以才变得深广。

梅须逊雪三分白，雪却输梅一段香。

【出处】宋 · 卢梅坡《雪梅》

【释义】梅花不如雪花白，雪花则不如梅花香。

民生在勤，勤则不匮。

【出处】春秋 · 左丘明《左传 · 宣公十二年》引古箴言

【释义】匮（kuì）：贫乏。人民的生计贵在勤劳，勤劳就会生活得很富足。

富贵本无根，尽从勤里来。

【出处】明·冯梦龙《醒世恒言·徐老仆义愤成家》

【释义】富贵本来就没有根，不是固定地专属于某些人的，富贵都是从勤劳努力、艰苦奋斗中得来的。

胜败兵家事不期，包羞忍耻是男儿。

【出处】唐·杜牧《题乌江亭》

【释义】期：预料。战争的胜败是难以预知的事情，能够忍辱负重的人才算得上男子汉。

敖不可长，欲不可从，志不可满，乐不可极。

【出处】战国·子思《礼记·曲礼上》

【释义】敖：通“傲”，骄傲。从：通“纵”，放纵。骄傲的情绪不能助长，欲望不能放纵，意志不能盛足，欢乐不能过分。

得其好言，不足喜；得其恶言，不足怒。

【出处】 明·张居正《答甘肃巡抚侯掖川》

【释义】 好言：称赞的话。恶言：毁谤中伤的话。听到别人赞扬的话，不要沾沾自喜；听到别人指责的话，不要骤然发怒。

欲不匮则博施，欲长乐则守分。

【出处】 宋·林逋《省心录》

【释义】 匮（kuì）：缺乏。博施：广施恩惠。长乐：永远快乐。守分：恪守自己的本分。要想使自己财物不缺乏，就得多施舍；要想使自己永远快乐，就要安分守己。

逸生于劳而常休，乐生于忧而无厌。

【出处】 宋·林逋《省心录》

【释义】 逸：安闲，安逸。休：吉庆，美善。厌：饱，尽头。安逸建立在勤劳的基础上，就会长久安逸；快乐建立在忧思的基础上，就会永远快乐。

庸言必信之，庸行必慎之。

【出处】 战国·荀况《荀子·不苟》

【释义】 庸：平常。信：信用，诚实。平常所说的话一定要守信用，平常的行为一定要谨慎。

谓己不可，自诬也；谓人不可，诬人也。

【出处】 清·陈确《圣人可学而至论》

【释义】 诬：诬蔑。说自己不行，这是诬蔑自己；说别人不行，这是诬蔑别人。

恻隐足以为仁，而仁不止于恻隐；羞恶足以为义，而义不止于羞恶。

【出处】 宋·苏轼《子思论》

【释义】 有了同情心足以推行仁德，而仁德不仅仅停留在恻隐之心上；有了羞耻之心足以坚持道义，但道义不仅仅停留在羞耻之心上。

非德之威，虽猛而人不畏；非德之明，虽察而人不服。

【出处】 宋·苏轼《德威堂铭》

【释义】 缺乏道义的威势，虽然凶猛但人们不惧怕；不道德的行为，虽然高明但人们不信服。

德与才不同，虽古人鲜能兼之。

【出处】 宋·苏辙《牛李》

【释义】 道德与才能是不同的，即便古代圣贤也很少能够兼而有之。

日滔滔以自新，忘老之及己。

【出处】 汉·刘安《淮南子·缪称训》

【释义】 日：时间。滔滔：如滔滔流水一般。自新：指河水日新月异。及己：来到自己身上。光阴如滔滔的流水去而不返，所以每个人都应该奋发进取，忘记衰老来到自己身上。

见善如不及，见不善如探汤。

【出处】 《论语·季氏》

【释义】 不及：赶不上。汤：沸水。看见优点，要学习，唯恐来不及；看见不足要警惕，像把手伸进沸水中一样害怕。

反听之谓聪，内视之谓明，自胜之谓强。

【出处】 汉·司马迁《史记·商君列传》

【释义】 聪：耳聪，此指善于听取意见。明：目明，此指善于观察问题。自胜：能超越自我。能够听取别人不同意见的人，才可能称得上耳聪；能够看清自身毛病的人，才可以称得上目明；能够战胜个人偏见的人，才可以称得上强者。

天下事以难而废者十之一，以惰而废者十之九。

【出处】 北齐·颜之推《颜氏家训》

【释义】 天下事因为难做而没有成功的占十分之一，因懒惰而没有成功的占十分之九。

处世忌太洁，圣人贵藏辉。

【出处】唐·李白《沐浴子》

【释义】为人处世不能过于苛刻，圣贤之人懂得不炫耀自己。

养心莫善于寡欲，其为人也寡欲，虽有不存焉者，寡矣；其为人也多欲，虽有存焉者，寡矣。

【出处】战国·孟轲《孟子·尽心下》

【释义】修养心性的方法没有比减少物质欲望更好的了。那些欲望少的人中间，即使有丧失善性的，也为数不多；那些欲望多的人中间，即使有保存善性的，为数也是很少了。

大丈夫宁当玉碎，安可以没没求活？

【出处】唐·李延寿《南史·王弘传附王僧达》

【释义】没没：无声无息，无所作为。大丈夫宁可为保持玉石那样的纯洁品质而粉身碎骨，怎么可以默默无闻地求得活命？

松柏本孤直，难为桃李颜。

【出处】唐·李白《古风》

【释义】孤直：孤高正直。难为：难以做出。桃李颜：比喻妖颜媚态。为人要像松柏一样高傲正直，不要像桃李那样以妖颜媚态取悦于人。

镜破不改光，兰死不改香。

【出处】唐·孟郊《赠别崔纯亮》

【释义】镜子破了，不会改变它的光泽；兰草死了，不会改变它的香气。

铁可折，玉可碎，海可枯，不论穷达生死，直节贯殊途。

【出处】宋·汪莘《水调歌头》

【释义】直节：刚直的气节。殊途：指不同的人生道路。不论是穷困还是通达，不论是生还是死，在任何情况下，自己的节操和志向都不会动摇，贯穿一生。

不爱人夸颜色好，只留清气满乾坤。

【出处】明·王冕《墨梅》

【释义】乾坤：天地间。不希图别人夸奖自己的颜色怎样好看，只希望将清香留在这天地之间。

树坚不怕风吹动，节操棱棱还自持。

【出处】明·于谦《北风吹》

【释义】棱棱（léng）：光明正直而有锋芒的样子。树木生长得坚定挺拔就不怕狂风劲吹，人的节操威严方正就可作为立身之本。

公生明，偏生暗。

【出处】战国·荀况《荀子·不苟》

【释义】公正才能光明，偏私必然黑暗。

圣人不曾高，众人不曾低。

【出处】明·李贽《焚书·复京中朋友》

【释义】“圣人”与“众人”并没有多少高下之别。

人百负之而不恨，己信之终不疑其欺己。

【出处】宋·黄庭坚《小山词序》

【释义】别人上百次对不起他，他也不怨恨；自己相信别人，始终不怀疑别人会欺骗自己。

上交不谄，下交不渎。

【出处】《易·系辞下》

【释义】谄：谄媚讨好。渎：轻侮。结交地位高的人，不谄媚讨好；结交地位低的人，不轻慢鄙视。

善不可失，恶不可长。

【出处】春秋·左丘明《左传·隐公六年》

【释义】长（zhǎng）：发展。善念善行不能放弃，恶念和坏事不可任其发展。

人不知而不愠，不亦君子乎？

【出处】《论语·学而》

【释义】人：别人。愠（yùn）：恼怒。君子：指道德修养高尚的人。别人不理解自己，自己不抱怨恼怒，不也是很有修养的君子吗？

君子固穷，小人穷斯滥矣。

【出处】《论语·卫灵公》

【释义】固穷：固守其穷。滥：胡作非为。君子不因穷困而改变其操守，而小人穷困了就会胡作非为。

愚者多悔，不肖者自贤。

【出处】春秋·晏婴《晏子春秋·内篇杂上》

【释义】不肖：不才，没有什么才能。愚蠢的人经常后悔，不才的人往往自以为贤能。

平生不解藏人善，到处逢人说项斯。

【出处】唐·杨敬之《赠项斯》

【释义】不解：不会。善：优点。项斯：晚唐诗人，既有诗才，又有“标格”（品德、气度）。一辈子从来不会掩盖别人的优点，每逢见到人，总要把项斯夸奖一番。

君子学道则务本，小人见利则忘生。

【出处】宋·邵雍《善恶吟》

【释义】有德行的人学习道义是致力于根本，而小人见到私利就会连生命都忘记了。

以利之为心，则越人易和；以害之为心，则父子离且怨。

【出处】战国·韩非《韩非子·外储说左上》

【释义】越人：指他国人。离：背离。怨：怨恨。真心使别人得到好处，即使是素不相识的人，也容易和睦相处；存心使别人受到伤害，即使是父子也会相互背离且相互怨恨。

圣人被褐怀玉。

【出处】春秋·老子《道德经》七十章

【释义】圣人：有极高道德修养的人。被：通“披”，穿着。褐：粗麻布衣服。玉：玉石，此指美玉一般的思想。圣人虽然穿着粗布衣服，心里却怀着美玉一样的思想。

众不附者，仁不足也；附而不治者，义不足也。

【出处】晋·陈寿《三国志·刘表传》

【释义】附：归服。不治：管理不好。民众不肯归附，那是因为他的仁德修养不够；即使归服了而没有管理好，那是因为他的道义修养不够。

汝若全德，必忠必直；汝若全行，必方必正。终身如此，可谓君子。

【出处】 唐·元结《自箴》

【释义】 全德：使道德更完整。全行：使行为完整。方：坦率。正：正派。你如果想使自己的道德完美，必须忠诚、正直；你如果想使自己的品行更完美，必须坦率、正派。一辈子这样做人，就可以称为君子了。

雪后始知松柏操，事难方见丈夫心。

【出处】 宋·释普济《五灯会元》

【释义】 大雪之后才知道松柏不畏严寒的节操，遇到危难才显露出大丈夫的赤诚之心。

水清则见毫毛，心清则见天理。

【出处】 明 · 薛瑄《薛文清公读书录 · 体验》

【释义】 水清澈才能看到水中细小的东西，心中清静才能明白世间的道理。

将相顶头堪走马，公侯肚里好撑船。

【出处】 明 · 佚名《增广贤文》

【释义】 将相的头顶上可以走马，公侯的肚里可以撑船。

竹有低头叶，梅无仰面花。

【出处】 清 · 袁枚《常记》

【释义】 竹子劲挺而竹叶向下，梅花傲雪而花不上仰。

圣人内修其本，而不外饰其末。

【出处】 汉 · 刘安《淮南子 · 原道训》

【释义】 圣人在内心修治根本，而不在外表粉饰不重要的事物。

千淘万漉虽辛苦，吹尽狂沙始到金。

【出处】唐·刘禹锡《浪淘沙》

【释义】清白正直之士一时被诬陷，但历尽艰辛后，其崇高品德终究会被人们认识的。

不受尘埃半点侵，竹篱茅舍自甘心。

【出处】宋·王淇《梅》

【释义】不受尘俗污染，洁身自爱。

愿君学长松，慎勿作桃李。

【出处】唐·李白《赠韦侍御黄裳二首》其一

【释义】希望你学习长青不败的松树，千万小心不要作鲜艳一时的桃李。

人怜直节生来瘦，自许高材老更刚。

【出处】宋·王安石《与舍弟华藏院此君亭咏竹》

【释义】怜：喜爱。自许：自己称许自己。人们喜爱竹子天生便瘦削挺直，竹子也称许自己是老而益刚的超拔之材。

红颜弃轩冕，白首卧松云。

【出处】唐·李白《赠孟浩然》

【释义】年壮时放弃做官，直到晚年依旧隐卧于松风白云中间。

养生治性，行义求志。

【出处】宋·苏轼《张氏园亭记》

【释义】养生：摄养心身，以保长寿。冶性：陶治心性。行义：好行义事。求志：求能守其平素所养之志。培养生活的乐趣，陶冶自己的性情；奉行仁义的思想，追求美好的志愿。

贞刚自有质，玉石乃非坚。

【出处】晋·陶渊明《戊申岁六月中遇火》

【释义】质：本性。乃：却。非坚：不是最坚硬。坚贞刚直的品德本来就有自己的本性，如果与玉石相比，则玉石不能算作最坚硬。

捣麝成尘香不灭，拗莲作寸丝难绝。

【出处】唐 · 温庭筠（yún）《达摩支曲》

【释义】比喻志士即使粉身碎骨，其志仍坚贞不渝。

自后者人先之，自下者人高之。

【出处】汉 · 扬雄《法言 · 寡见》

【释义】认为自己落后的人，别人会把你看作先进；认为自己低下的人，别人会把你看得高尚。

松柏之姿，经霜犹茂；蒲柳常质，望秋先零。

【出处】唐 · 房玄龄等《晋书 · 顾悦之传》

【释义】品格坚贞的人经得起严峻考验，性格懦弱的人容易消极颓废。

白璧本不瑕，青蝇亦何为。

【出处】明 · 徐渭《寄吴宣镇》

【释义】白璧：洁白的玉璧。瑕（xiá）：玉表面上的杂色斑点。青蝇：苍蝇的一种。如果洁白的美玉上本来就没有一点杂色斑点，那么青蝇又能怎样呢？

有源之水，寒冽不冰；有德之人，厄穷不塞。

【出处】宋·胡宏《胡子厄言·文王》

【释义】寒冽（liè）：寒冷。厄：灾难，困苦。塞：阻止，使受困。有源泉的水，即使天气寒冷，也不会冻结成冰；有美德的人，即使处境困窘，也不会失意潦倒。

不共春风斗百芳，自甘篱落傲秋霜。

【出处】明·冯梦龙《醒世恒言·卢太学诗酒傲王侯》

【释义】不共：不同。百芳：百花。篱落：篱笆。菊花不在春风中与百花争芳斗艳，甘愿屈处篱笆旁边傲迎秋霜。

不是花中偏爱菊，此花开尽更无花。

【出处】唐·元稹《菊花》

【释义】 并不是在所有的花中我对菊花特别偏爱，而是因为菊花凋谢之后，再也不会有别的什么花存在了。

为草当作兰，为木当作松。

【出处】 唐 · 李白《于五松山赠南陵常赞府》

【释义】 做草就要做寒秋飘香的兰草，做木就要做严冬不凋的松木。

志 向 篇

少年心事当拏云。

【出处】 唐·李贺《致酒行》

【释义】 心事：心中所期望的事。拏云：凌云，比喻志向高远。人在少年就应有凌云之志。

有志者，事竟成。

【出处】 南朝·宋·范晔《后汉书·耿弇传》

【释义】 竟：终于。有坚定意志的人，事情终能成功。

富贵不傲物，贫穷不易行。

【出处】 春秋·晏婴《晏子春秋·内篇问下》

【释义】 富贵时不傲慢，贫穷时不改变志向。

人无善志，虽勇必伤。

【出处】汉·刘安《淮南子·主术训》

【释义】伤：伤害。人没有好的志向，即使勇敢，也一定会受到挫折而失败。

人惟患无志，有志无有不成者。

【出处】宋·陆九渊《语录下》

【释义】人最担心的是胸无大志。胸有大志，则没有成就不了的事业。

士固有大意，秋毫岂能干。

【出处】宋·曾巩《寄舍弟》

【释义】大意 ：远大的志向。秋毫：喻小的挫折。干：牵连，影响。志士原本就怀有远大的志向，一点小的挫折怎能影响他呢？

丈夫为志，穷当益坚，老当益壮。

【出处】南朝·宋·范晔《后汉书·马援传》

【释义】益：更加。大丈夫立志，越是在穷困的时候，就越是坚定不移；越到老年，志气越盛。表现人在困境的时候能藐视困难，在年老的时候不服老的豪迈气概。

丈夫生世会几时，安能蹀躞垂双翼？

【出处】 南朝·宋·鲍照《拟行路难》之六

【释义】 安能：怎么能。蹀躞（dié xiè）：小步行走。大丈夫在世上能有多少时间，怎能像垂着翅膀小步行走的鸟一样呢？

不须浪饮丁都护，世上英雄本无主。

【出处】 唐·李贺《浩歌》

【释义】 浪饮：无节制地饮酒作乐。丁都护：又作“丁督护”，南朝时的一种乐曲名。不要在哀伤的乐曲声中痛饮不已，英雄从来都不是特定的某个人。

养气要使完，处身要使端。

【出处】 宋·陆游《自勉》

【释义】 完：完美。端：端正。培养节操要做到尽善尽美，立身处世要做到端正无邪。

海阔从鱼跃，天高任鸟飞。

【出处】 明·吴承恩《西游记》

【释义】 从：任凭。宽阔的大海任鱼儿跳跃，高高的天空任鸟儿飞翔。

壮心欲填海，苦胆为忧天。

【出处】 宋·文天祥《指南录》

【释义】 雄心想要把大海填平，苦胆为天下忧虑。

登山不以艰险而止，则必臻于峻岭。

【出处】 晋·葛洪《抱朴子·广譬》

【释义】 臻（zhēn）：到达。峻岭：高高的山峰。攀登高山，不会因艰险而止步不前，那就一定能登上顶峰。

丈夫皆有志，会见立功勋。

【出处】 唐·杨炯《出塞》

【释义】 功勋（xūn）：指对国家人民做出的重大贡献，立下特殊功劳。男子汉都很有志气，必将看到自己建功立业。

大丈夫处世，当扫除天下，安事一室乎？

【出处】南朝·宋·范晔《后汉书·陈蕃传》

【释义】扫除：荡平，治理。安：岂，怎么能。大丈夫生活在人世间，应当有志治理天下，怎么可以只想着自己一家的事情？

路漫漫其修远兮，吾将上下而求索。

【出处】战国·屈原《离骚》

【释义】漫漫：遥远，漫长。修：长。路途还很漫长、遥远，我将不懈努力，探索真理。

身既死兮神以灵，魂魄毅兮为鬼雄。

【出处】战国·屈原《九歌·国殇》

【释义】身躯虽然倒下了，但精神没有泯灭；灵魂威武刚毅，堪称鬼中英雄。

不飞则已，一飞冲天；不鸣则已，一鸣惊人。

【出处】汉·司马迁《史记·滑稽列传》

【释义】大鹏鸟不飞则罢，一飞起来就直冲云霄；大鹏鸟不鸣则罢，一声鸣叫就使人震惊。

骐骥不能与罢驴为驷，而凤凰不与燕雀为群。

【出处】汉·司马迁《史记·日者列传》

【释义】千里马不屑与疲驴同在一个马棚，凤凰不屑与燕雀为伍。

人固有一死，死有重于泰山，或轻于鸿毛。

【出处】汉·司马迁《报任少卿书》

【释义】每个人都会死亡，但有的人死的意义比泰山还重，有的人死的意义比鸿毛还轻。

了却君王天下事，赢得生前身后名。

【出处】宋·辛弃疾《破阵子·为陈同甫赋壮语以寄之》

【释义】表达作者忠君爱国、力图收复祖国河山的理想和追求个人功名的宏愿。

不嫌屋漏无干处，正要群龙洗甲兵。

【出处】宋·陈与义《观雨》

【释义】群龙：喻指抗敌救国英雄。甲兵：武器。不嫌弃因房屋漏雨而没有一处干的地方，只希望英雄们出来消灭敌人。

此中何处无人世，只恐难酬烈士心。

【出处】清·顾炎武《海上》

【释义】神仙境地虽好，但在那里无法伸展救国济民的抱负。

感时思报国，拔剑起蒿莱。

【出处】唐·陈子昂《感遇诗三十八首》三十五

【释义】感时：有感于时事动乱。蒿（hāo）莱：指草野，比喻民间。因感到时事动乱，所以想要立志报效国家，从民间拔剑而起。

百舍重趼而不敢息。

【出处】战国·庄周《庄子·天道》

【释义】走了很远很远的道路，脚底磨出了一层层的硬茧，还是不敢停下来休息。

泽雉十步一啄，百步一饮，不蕲畜乎樊中。

【出处】战国·庄周《庄子·养生主》

【释义】水泽里的野鸡走十步才能啄到一口食，走百步才能喝一口水，但尽管如此，它也并不祈求把自己养在笼子里。

功崇惟志，业广惟勤；惟克果断，乃罔后艰。

【出处】《尚书·周官》

【释义】建树功业必须有伟大的志向，创立业绩必须要靠不懈的努力；处理事情必须果断，才能免除后患。

惟日孜孜，无敢逸豫。

【出处】《尚书·君陈》

【释义】每天勤奋不息，不敢贪图安逸。

跬步不休，跛鳖千里；累积不辍，可成丘阜。

【出处】汉·刘安《淮南子·说林训》

【释义】半步半步不停地前进，即使是跛脚的甲鱼也可以行走千里；堆积土石而不停止，就可最终堆积成小山。

功不十倍，不可以果志；力不兼两，不可以角敌。

【出处】 唐·皇甫湜《论业》

【释义】 没有下十倍的功夫，就不可能实现自己的志向；不具备同时对付两个人的力气，就不能与对手较量。

不得志，独行其道。

【出处】 战国·孟轲《孟子·滕文公下》

【释义】 失意之时，也要独善其身，遵循自己的做人原则。

心不清则无以见道，志不确则无以立功。

【出处】 宋·林逋《省心录》

【释义】 道：事物的道理。确：坚固，坚定。思想不纯净就不能发现事理，志向不坚定就不能建立功业。

古之立大事者，不惟有超世之才，亦必有坚韧不拔之志。

【出处】 宋·苏轼《晁错论》

【释义】 古时候那些干出一番大事业的人，不仅有超世之才，还有坚定而毫不动摇的志向。

立志欲坚不欲锐，成功在久不在速。

【出处】宋·张孝祥《论治体札子》

【释义】锐：急速。树立志向一定要坚定而不要匆忙；事情的成功在于能持之以恒，而不在一时的冲动。

自安于弱，而终于弱矣；自安于遇，而终于愚矣。

【出处】宋·吕祖谦《东莱博议·葵邱之会》

【释义】自己安心于软弱，最终也只能是软弱；自己安心于愚蠢，最终也只能是愚蠢。

志之难也，不在胜人，在自胜。

【出处】战国·韩非《韩非子·喻老》

【释义】自胜：战胜自己，指克制自己。立志的困难，不在于胜过别人，而在于战胜自己。

志不求易，事不避难。

【出处】南朝·宋·范晔《后汉书·虞诩传》

【释义】立志不贪求容易实现的目标，做事不回避危难。

志不真则心不热，心不热则功不贤。

【出处】清 · 颜元《颜习斋先生言行录 · 杜生》

【释义】志向不纯真，内心就不热切；内心不热切，做事就没有紧迫感。

心如铁石，气若风云。

【出处】唐 · 杨炯《唐右将军魏哲神道碑》

【释义】心如铁石一样坚贞，气节像风云一样高洁。

不为穷变节，不为贱易志。

【出处】汉 · 桓宽《盐铁论》

【释义】为：因为。变节：改变气节。贱：地位低下。易志：改变志向。不因穷困改变自己的气节，也不因地位低下而改变自己的志向。

穷且益坚，不坠青云之志。

【出处】唐 · 王勃《滕王阁序》

【释义】青云之志：远大的志向。在逆境中越要坚定信念，不动摇和改变远大的抱负和理想。

弃燕雀之小志，慕鸿鹄以高翔。

【出处】南朝 · 梁 · 丘迟《与陈伯之书》

【释义】燕雀：燕与雀，都是小鸟，飞得很低。慕：仰慕。鸿鹄（hú）：天鹅，飞得很高。翔：盘旋。

【富春山居图】卷 局部［元］黄公望 中国台北故宫博物院藏

【富春山居图】卷 局部 [元] 黄公望 中国台北故宫博物院藏 26-3

丢掉飞不高的燕雀那样狭小的志向，而敬仰高飞的鸿鹄那样远大的目标。

有心雄泰华，无意巧玲珑。

【出处】宋·辛弃疾《临江仙·莫笑吾家苍壁小》

【释义】泰华：泰山、华山，是五岳中的两座。无意：不愿意。志向要比泰山、华山还要雄伟刚正，而不要奸巧圆滑，八面玲珑。

将相本无种，男儿当自强。

【出处】宋·汪洙《神童诗》

【释义】种：这里指等级社会中世袭的地位。能成大事业的人，本来并不是天生的，大丈夫应当自我勉励，奋斗不息。

以萤烛末光增辉日月。

【出处】三国·魏·曹植《求自试表》

【释义】用萤火虫、蜡烛的微光为日月增辉。

清浊必异源，凫风不并翔。

【出处】 晋·傅玄《和秋胡行》

【释义】 清水和浊水的源头必然不同，野鸭和凤凰也不会一起飞翔。

志在四海而尚恭俭，心包宇宙而无骄盈。

【出处】 北周·庾信《燕射歌辞·角调曲一》

【释义】 俭：卑谦。盈：自满。志在四海而勤俭谦恭，心存天下而不骄傲自满。

凿井当及泉，张帆当济川。

【出处】 唐·李白《赠友人三首》

【释义】 打井就应当打到泉眼，扬帆驾舟就应当渡过河川。

丹可磨而不可夺其色，兰可燔而不可灭其馨，玉可碎而不可改其白，金可销而不可易其刚。

【出处】 北齐·刘昼《刘子·大质》

【释义】 丹：朱砂。夺：使失去。兰：香草。燔（fán）：焚烧。馨（xīn）：香气。销：熔化。易：改变。丹砂可以磨碎，却不能磨去它的赤色；兰花可以焚烧，却不能泯灭它的芳香；美玉可以击碎，却不能改变它的洁白；金子可以熔化，却不能改变它的刚坚。

太阿之剑，犀角不足齿其锋；高山之松，霜霰不能渝其操。

【出处】 唐·张九龄《与李让侍御书》

【释义】 太阿（ē）：宝剑名。犀角：犀牛角，极坚硬。齿：锉损。锋：锋刃。霰（xiàn）：小冰粒。渝：改变。操：操守。坚硬的犀角，也不能锉损太阿宝剑的无坚不摧的锋刃；再寒冷的霜霰，也不能改变傲雪凌霜的高山青松的节操。

水可干而不可夺湿，火可灭而不可夺热，金可柔而不可夺重，石可破而不可夺坚。

【出处】 唐·马总《意林》引《任子》

【释义】 干：干枯。夺：改变。柔：使之柔软变形。水可以干枯却不能改变其潮湿的本性，火可以熄灭却不能改变它发热的性能，金可以软化却不能改变它的重量，石可以破碎却不能变易它的坚硬。

闻道有蚤莫，行道有难易，然能自强不息，则其至一也。

【出处】 宋·朱熹《四书集注·中庸第二十章》注语

【释义】 蚤莫：即早暮，先后的意思。至：达到成功。接受道理有前有后，实行道理有难有易，然而能自己努力向上，永不松懈，那么在必能成功上是一样的。

财贿不以动其心，爵禄不以移其志。

【出处】 明·罗贯中《三国演义》第二十七回

【释义】 贿：财物。金银财物不能动摇他的心神，爵位俸禄不能改变他的志向。

蚯蚓霸一穴，神龙行九天。

【出处】 明·方孝孺《闲居感怀》其三

【释义】 九天：九重天，指天极高处。蚯蚓独占区区一穴之地就心满意足，而神龙却志在九天凌空翱翔。

不以隐约而弗务，不以康乐而加思。

【出处】三国·魏·曹丕《典论·论文》

【释义】不因处境恶劣而放弃自己的事业，也不因处境优越而改变自己的理想。

居不隐者思不远，身不佚者志不广。

【出处】战国·荀况《荀子·宥坐》

【释义】不隐居的人，思想不会深邃；没有遭受过遗弃的人，志向不会远大。

浅不足以测深，愚不足与谋知，坎井之蛙不可与语东海之乐。

【出处】战国·荀况《荀子·正论》

【释义】短的东西不能用来测量深水，蠢人不能参与智谋活动，不能跟废井里的青蛙谈论东海的乐趣。

鸟兽不厌高，鱼鳖不厌深。

【出处】战国·庄周《庄子·庚桑楚》

【释义】鸟兽不满足高处，鱼鳖不满足水深。

锲而舍之，朽木不折；锲而不舍，金石可镂。

【出处】 战国·荀况《荀子·劝学》

【释义】 锲：刻。舍：放弃。镂：雕刻。用刀雕刻的时候，如果中途停止，即使是朽木也不能折断；如果始终不停地刻下去，即使是金石，也可以雕刻成功。

骐骥一跃，不能十步；驽马十驾，功在不舍。

【出处】 战国·荀况《荀子·劝学》

【释义】 骐骥：骏马。驽马：笨马。十驾：十日的行程。功在不舍：成功的原因在于不懈的努力。即使是最好的骏马，一跳也不能超过十步；笨马虽然能力低下，十日的行程也很可观，成功的原因是它不懈的努力。

非学无以广才，非志无以成学。

【出处】 三国·蜀·诸葛亮《诫子书》

【释义】 不好好学习，就无法增长和扩展自己的才能；而不确立远大的志向，学业也就无法获得成功。

欲穷千里目，更上一层楼。

【出处】 唐·王之涣《登鹳雀楼》

【释义】 穷：尽。要想看到千里那么远，就需要登上更高的一层楼。

天下事有难易乎？为之，则难者亦易矣；不为，则易者亦难矣。

【出处】 清·彭端淑《为学》

【释义】 天下事有难易之分吗？去做了，那么困难的事也变得容易；不去做，那么容易的事也会变得困难。

不以一己之利为利，而使天下受其利；不以一己之害为害，而使天下释其害。

【出处】 清·黄宗羲《原君》

【释义】 不把个人的“利”与“害”放在心上，而要为普天之下的人兴利除害。

老骥思千里，饥鹰待一呼。

【出处】 唐·杜甫《赠韦左丞丈济》

【释义】 骥（jì）：千里马。千里马虽老，壮志犹存，仍欲驰骋千里；饥饿的苍鹰时刻准备着，只待一声呼唤，就会搏击长空，冲向猎物。

处　事　篇

图难于其易，为大于其细。

【出处】春秋·老子《道德经》

【释义】图难：计划克服困难。征服困难应从容易处开始，做大事应从细微之事着手。

成事不说，遂事不谏，既往不咎。

【出处】《论语·八佾》

【释义】遂：完成。咎：责备，加罪。已经发生了的事就不用再解说了，已经做成的事就不用再规劝了，已经过去的错误就不要再责怪追究了。

骥不称其力，称其德也。

【出处】《论语·宪问》

【释义】对于千里马，不是称赞它的气力如何，而是赞美它的优良品性。

巧言乱德。小不忍，则乱大谋。

【出处】《论语·卫灵公》

【释义】花言巧语会损害德行。小事情不能容忍，就会败坏大事情。

人能弘道，非道弘人。

【出处】《论语·卫灵公》

【释义】弘：扩充，光大。是人可以弘扬道义，而不是道义能光大人。

有国有家者，不患寡而患不均，不患贫而患不安。

【出处】《论语·季氏》

【释义】国：指诸侯国。家：指卿大夫的领地。不管是诸侯还是卿大夫，不怕所属的人少而怕分配不均，不怕贫穷而怕政局不安定。

祸莫大于不知足，咎莫大于欲得。

【出处】春秋·老子《道德经》

【释义】咎：灾祸，灾殃。最大的祸害是不知满足，最大的灾祸是贪欲。

无为其所不为，无欲其所不欲。

【出处】战国·孟轲《孟子·尽心上》

【释义】不做不应该做的事，不贪求不应该得到的东西。

目失镜则无以正须眉，身失道则无以知迷惑。

【出处】 战国·韩非《韩非子·观行》

【释义】 眼睛没有镜子就不能整理容貌，行为离开道义就不知道什么是迷惑。

君子谋道不谋食；君子忧道不忧贫。

【出处】 《论语·卫灵公》

【释义】 君子谋求道义而不谋求衣食；君子忧虑道义得不到伸张而不忧虑是否贫穷。

贫而无谄，富而不骄。

【出处】 《论语·学而》

【释义】 贫困时不以卑贱的态度讨好人，富贵时不以傲慢的态度对待人。

义者不毁人以自益。

【出处】 汉·刘向《新序》

【释义】 义者：有道义的人。毁：败坏。自益：对自己有好处。有道德的人，不干败坏别人却对自己有利的事。

凡事行，有益于理者立之，无益于理者废之。

【出处】战国·荀况《荀子·儒效》

【释义】处理任何事情，只要是有益于公理的就树立提倡，不利于公理的就废除掉。处理任何事情，都要以合不合公理为标准，因为这符合多数人的利益，符合于社会的通行原则，也符合社会发展的趋势。

凡人之患，蔽于一曲而暗于大理。

【出处】战国·荀况《荀子·解蔽》

【释义】患：毛病。蔽：蒙蔽。一曲：局部，指认识上的偏见。大理：指涉及全局的根本道理。大凡人的毛病，都易于受局部偏见的蒙蔽，而不了解关系到全局的大道理。这两句可用于劝诫人们不可囿于一曲之见而糊涂于大理。

舟循川则游速，人顺路则不迷。

【出处】唐·马总《意林·唐子》

【释义】循：顺着。川：河流。船顺流行驶就快，人顺路而行就不会迷失方向。这两句多用于比喻办事要遵循事物的客观规律，要随着时代的潮流前进。

成事在理不在势。

【出处】 宋·苏轼《拟进士对御试策》

【释义】 理：公理。势：权势。事情的成功是由于符合公理，而不因为有强大的权势。

易以理服，难以力胜。

【出处】 宋·苏轼《两浙转运副使孙昌龄可秘阁校理知福州》

【释义】 理：道理。力：暴力。（对待百姓）容易用道理使其服从，难以用暴力去战胜。这两句可用于说明无论治理社会，还是处理人与人之间的关系，都要善于以理服人，不可以暴力强制。

天下之事，理胜力为常，力胜理为变。

【出处】 明·冯梦龙《东周列国志》第十三回

【释义】 理：公理。力：强权。常：正常。变：变异，反常。天下的事情，公理胜于强权是正常的，而强权战胜公理则是反常的。这几句多用来说明为人处世要讲公理，不要常想恃强欺人。

一时之强弱在力，千古之胜负在理。

【出处】明·冯梦龙《东周列国志》第十四回

【释义】一时：短时间的，暂时的。千古：长久的。短时间势力的强弱可能是由权力的大小来决定，但长久的胜负却取决于公理。这两句多用于告诫人们不要凭一时之强力取胜，也可用于说明公理可以最终战胜强力。

非理之财莫取，非理之事莫为。

【出处】明·冯梦龙《古今小说·沈小官一鸟害七命》

【释义】非理：不符合道理。不符合道理的财物不要获得，不符合道理的事情不能去干。这两句多用于警诫人不可做不义之事或取不义之财。

得时者昌，失时者亡。

【出处】战国·列御寇《列子·说符》

【释义】时：时代潮流。适应时代潮流的就会强盛，违背时代潮流的就会走向灭亡。时代潮流代表着民心所向，体现着社会发展的大势。所以，能够及时把握住时代的脉搏，顺应时代的潮流，其事业就会繁荣昌盛；而逆时代潮流而动，就会自取灭亡。

识时务者，在乎俊杰。

【出处】晋·陈寿《三国志·蜀志·诸葛亮传》裴松之注引《襄阳记》

【释义】时务：客观形势。俊杰：英俊杰出之士。正确认识眼前客观形势，在于英俊杰出之士。这是奉劝别人认清形势、照顾大局的名句。

大行不顾细谨，大礼不辞小让。

【出处】汉·司马迁《史记·项羽本纪》

【释义】大行：大行动，大事。细谨：细微末节。辞：避。小让：琐细的礼貌。采取大的行动，就不要顾及细小的得失；讲求大的礼仪就不要计较细小的礼貌。

无以待之，则十百而乱；有以待之，则千万若一。

【出处】宋·苏辙《类篇叙》

【释义】待：对待，处置。十百：表示数量少。千万：表示数量多。若一：如同只有一件事。没有正确的处置事情的方法，即使事情很少也会显得异常纷乱；有正确的处置事情的方法，即使事情很多也能干得有条不紊。

止之于始萌，绝之于未形。

【出处】 唐·韩愈《省试颜子不贰过论》

【释义】 止：截止，意谓不使错误发展下去。绝：断。未形：没有成形，即错误还未表现出来。对待错误，应该把它扼杀于刚刚萌生的时候。

人无远虑，必有近忧。

【出处】 《论语·卫灵公》

【释义】 凡事要作长远考虑，不能只顾眼前，否则忧患必至。

当断不断，反受其乱。

【出处】 汉·司马迁《史记·齐悼惠王世家》

【释义】 凡事该作决断时却犹豫不决，往往反使自己受害。

岂见覆巢之下，复有完卵乎？

【出处】 南朝·宋·刘义庆《世说新语·言语》

【释义】 比喻整体与局部关系紧密，整体遭祸，局部也就不能幸免。

行远者假于车，济江海者因于舟。

【出处】 汉·桓宽《盐铁论·贫富》

【释义】 原喻指建功立业必须凭借一定的客观条件。后以借指做不同的事，要求用不同的方法。

求木之长者，必固其根本；欲流之远者，必浚其泉源。

【出处】 唐·魏徵《谏太宗十思疏》

【释义】 喻指无论做何事都要抓基础，重根本。

于安思危，危则虑安。

【出处】 《战国策·楚策四》

【释义】 在安定的时候要考虑到可能出现的危难，在危难的时候要思虑怎样实现安定。意谓安定之时不可放松思想警惕，危难之时不可消沉奋争的斗志。

凡百事之成也必在敬之，其败也必在慢之。

【出处】 宋·司马光《资治通鉴·秦昭襄王五十二年》

【释义】 敬：看重，重视。慢：轻慢。大凡一切事情的成功，都在于能严肃认真地对待它；之所以失败，一定是因为轻视了它。说明要想把事情办好，就必须严肃认真，不能丝毫马虎。

无欲速，无见小利。欲速，则不达；见小利，则大事不成。

【出处】 《语语·子路》

【释义】 不要贪图快，不要只顾眼前的小利。只要快，反而达不到目的；只顾眼前的小利，就办不成大事。

虽有智慧不如乘势；虽有镃基不如待时。

【出处】战国·孟轲《孟子·公孙丑上》

【释义】即便聪明过人，不如利用时机；即使有锄头，也要到了季节才能动工。

善持势者，蚤绝其奸萌。

【出处】战国·韩非《韩非子·外储说右上》

【释义】要善于掌握时机，尽早杜绝奸佞小人。

事善能，动善时。

【出处】春秋·老子《道德经》

【释义】处理事务要讲究功效，行动要选择最佳时机。

知者善谋，不如当时。

【出处】春秋·管仲《管子·霸言》

【释义】聪明人再善于运用计谋，也不如把握时机更重要。

时未可而进，谓之躁，躁则事不审而上，必疑；时可进而不进，谓之缓，缓则事不及而上，必违。

【出处】宋 · 王安石《上蒋侍郎书》

【释义】时机未成熟就做这就叫作急躁，急躁常常是没准备好就去做，这样必定会头脑不清；时机成熟了却不进这叫做迟缓，迟缓而错过时机之后才去做，这样就达不到预期目的。

人之所畏，不可不畏。

【出处】春秋 · 老子《道德经》

【释义】别人所畏惧的，自己也不能不畏惧。

为无为，事无事，味无味。大小多少，报怨以德。

【出处】春秋 · 老子《道德经》

【释义】把无为当作有为，把无事作为有事，把无味看成有味。大出于小，多生于少，用德来报答别人对自己的怨恨。

民之从事，常于几成而败之。慎终如始，则无败事。

【出处】春秋 · 老子《道德经》

【释义】几：将近。人们做事情，常常在快要成功时失败。在事情将要完成时也要像刚开始时那样慎重，就不会有失败的事。

天下从事者不可以无法仪，无法仪而其事能成者无有也。

【出处】 战国·墨翟《墨子·法仪》

【释义】 天下做事情的人不能没有准则，失去准则而能做成事情的情形是没有的。

仁者以财发身，不仁者以身发财。

【出处】 战国·子思《礼记·大学》

【释义】 实施仁义的人以散财来提高自己的声誉，不实施仁义的人以自身的毁灭去获得财产。

心治则百节皆安，心扰则百节皆乱。

【出处】 汉·刘安《淮南子·缪称训》

【释义】 内心安宁则凡事都会安宁，内心扰乱则百事都会扰乱。

放情者危，节欲者安。

【出处】 三国·魏·桓范《政要论·节欲》

【释义】 放纵享受的人一定有危险，节制欲望的人必然平安。

乐不可极，乐极成哀；欲不可纵，纵欲成灾。

【出处】唐·吴兢《贞观政要·刑法》

【释义】享乐不能追求极致，享乐至极就会导致悲哀；欲望不能放纵，放纵了就会变成灾害。

酒中不语真君子，财上分明大丈夫。

【出处】明·佚名《增广贤文》

【释义】酒醉后不胡言乱语的人才是真正的君子，对钱财始终清醒的人才是大丈夫。

不知戒，后必有。

【出处】战国·荀况《荀子·成相》

【释义】戒：警惕。对以前受的挫折不加以警惕，以后必定重蹈覆辙，再受同样的挫折。

不涸泽而渔，不焚林而猎。

【出处】 汉·刘安《淮南子·主术训》

【释义】 涸（hé）：水干，枯竭。不能将湖沼的水汲干了捕鱼，不要焚烧树林打猎。比喻做事要留有余地，要有远虑。

水之积也不厚，则其负大舟也无力。

【出处】 战国·庄周《庄子·逍遥游》

【释义】 负：运载。如果积水不深，那它就没有力量将大船浮起来。比喻基本条件达不到，事情就不能成功。

世人多蔽，贵耳贱目，重遥轻近。

【出处】 北齐·颜之推《颜氏家训·慕贤》

【释义】 蔽：蒙蔽。世间的人往往好受蒙蔽，他们相信耳朵听见的，而疑惑眼睛看见的；重视远处的，而瞧不起近处的。告诫人们凡事不可轻信，而应考察比较，然后再下结论，才能不受蒙蔽。

失之豪厘，差以千里。

【出处】 汉·司马迁《史记·太史公自序》

【释义】 豪厘：豪，通“毫”。长度单位，十毫为一厘。一丝的失误，会造成巨大的差错。比喻因小的失误，而终铸成大错。

先忧事者后乐，先傲事者后忧。

【出处】 汉 · 刘向《说苑 · 说丛》

【释义】 做事之前就忧虑的人，事后会得到快乐；做事之前就骄傲的人，事后就会有忧患。说明做事应深谋远虑，不可掉以轻心。

自伐者无功，自矜者不长。

【出处】 春秋 · 老子《道德经》

【释义】 伐：自我夸耀。矜（jīn）：自尊自大。自我夸耀的人没有功劳，妄自尊大的人不会长进。

有兼听之明，而无奋矜之容；有兼覆之厚，而无伐德之色。

【出处】 战国 · 荀况《荀子 · 正名》

【释义】 奋矜：傲慢。伐：自夸。有善于全面听取各种意见的明智，而没有傲慢自大的样子；有恩泽普及万物的宽容和仁厚，而没有自吹自擂的得意之色。

不以人之坏自成，不以人之卑自高。

【出处】 晋·陈寿《三国志·魏书·文帝纪》裴松之注引《献帝传》

【释义】 以：因为。坏：衰败。不因为别人的衰败而自以为成功，不因为别人的卑微而自以为高大。

按图索骥者，多失于骊黄牝牡。

【出处】 元·赵汸《葬书问对》

【释义】 按照图像去寻找良马，往往连颜色、性别也分辨不清，如何能找到良马。喻指死抠书本，往往造成错误。

度德而处之，量力而行之。

【出处】 春秋·左丘明《左传·隐公十一年》

【释义】 根据自己的德行高低和能力大小，来处理事情。意即凡事要从自己的实际出发。

仁者不乘危以邀利，智者不侥幸以成功。

【出处】 明·冯梦龙《东周列国志》

【释义】 乘危：乘人之危。邀：求取。成功：建立功业。仁爱的人不乘人危难的时候求取私利，明智的人不抱着侥幸的心理等待成功。

有始有终，无为无欲，遇灾则极其忧勤，时安则不骄不逸。

【出处】 唐·吴兢《贞观政要·慎终》

【释义】 无为：不逆流而动，顺其自然。无欲：清心寡欲。忧勤：心怀忧虑而工作勤谨。时安：社会安定。不论做任何事情都要有始有终，不要逆流而动，不要欲望太多。遇到困难时要怀着深刻的忧惧感、紧迫感，时势安稳时既不要骄狂，更不求安逸。

成大事者，不恤小耻；立大功者，不拘小谅。

【出处】 明·冯梦龙《东周列国志》第十六回

【释义】 事：事业。恤：忧虑。小耻：指很平常的羞辱。立：建。拘：拘泥，束缚。谅：诚信，信誉。做大事业的人，不因小小的羞辱而忧心忡忡；建大功勋的人，不被小小的信誉捆住手脚。

君子安而不忘危，存而不忘亡，治而不忘乱。是以身安而国家可保也。

【出处】《易·系辞下》

【释义】君子在安定时不忘记危险，生存时不忘记灭亡，治理国家时不忘记动乱。所以，自身安全，国家也可保持稳定。

千丈之堤，以蝼蚁之穴溃；百尺之室，以突隙之烟焚。

【出处】战国·韩非《韩非子·喻老》

【释义】千里长堤因蝼蚁小洞而崩溃，百尺高屋因烟囱裂缝中迸出的火苗而焚毁。喻指对祸患要防微杜渐。

畏其卒，怖其始。

【出处】战国·韩非《韩非子·喻老》

【释义】 害怕事情可能有灾难性的后果，从开始就应加以警惕。

山者大，故人慎之；垤微小，故人易之也。

【出处】 战国·韩非《韩非子·六反》

【释义】 山很高大，所以人很谨慎；土丘很小，所以人常疏忽。

钓者之恭，非为鱼赐也；饵鼠以蛊，非爱之也。

【出处】 战国·墨翟《墨子·鲁问》

【释义】 钓鱼的人恭敬地用饵食喂鱼，并不是给鱼以恩赐；用毒饵去喂老鼠，并非喜欢老鼠。

持而盈之，不如其已。揣而锐之，不可长保。金玉满堂，莫之能守。富贵而骄，自遗其咎。

【出处】 春秋·老子《道德经》

【释义】 端水端得太满，不如适可而止。捶击太过猛烈，不能保持久长。没有谁能将金玉满堂完好保存下来。富贵而又骄傲，只会给自己留下祸殃。

人之相知，贵相知心。

【出处】 汉·李陵《答苏武书》

【释义】 朋友之间的了解，可贵的是相互了解对方的内心。

口惠而实不至，怨灾及其身。

【出处】 战国·子思《礼记·表记》

【释义】 嘴上答应给别人恩惠好处，实际又办不到。不讲信用，那抱怨和灾祸就会惹到自己身上来。

好而知其恶，恶而知其美。

【出处】 战国·子思《礼记·大学》

【释义】 好：（hào）：喜爱。其恶（è）：他的缺陷和丑恶。恶（wù）：讨厌，憎恨。对自己所喜爱的人，要了解他的短处缺点，不可偏袒；对自己所厌恶的人，要知道他的长处优点，不可抹杀。

君子先择而后交，小人先交而后择。

【出处】 隋·王通《文中子·魏相》

【释义】 有德行的人交朋友，必定经过选择，值得交的才和他交往；没德行的人交朋友，先交往然后才去了解他的情况。

二人同心，其利断金。

【出处】《易·系辞上》

【释义】利：锋利。金：指铜铁等坚硬的金属物。两个人齐心合力的巨大力量，能将金属的东西截断。

千里之行，始于足下。

【出处】春秋·老子《道德经》

【释义】原喻指事物都是由小到大发展的。现用以说明要成就大业，必须立足于当前，脚踏实地干下去。

怀重宝者不以夜行，任大功者不以轻敌。

【出处】汉·刘向《战国策·赵策二》

【释义】怀：怀藏。重宝：贵重的宝物。大功：大事业。怀藏着贵重的宝物，不能在晚上行走；担任重大事业的人，不能够轻视敌人。

事不三思，终有后悔。

【出处】明·冯梦龙《古今小说·陈御史巧勘金钗钿》

【释义】三思：再三考虑。做事不经过反复考虑，过后总有后悔的时候。

大丈夫处世，当交四海英雄。

【出处】 晋·陈寿《三国志》

【释义】 大丈夫活在世上，应当结交天下英雄。

君子忌苟合，择交如求师。

【出处】 唐·贾岛《送沈秀才下第东归》

【释义】 君子最忌无原则的附合，选择朋友要像求师那样慎重。

任情终有失，执法永无差。

【出处】 清·李玉《清忠谱·囊首》

【释义】 凭着感情办事终究会出现失误，依照法则办事永远也不会有差错。说明做事必须严格遵循规章，切不可凭一时的感情冲动。

仰高者不可忽其下，瞻前者不可忽其后。

【出处】 三国·蜀·诸葛亮《便宜十六策·思虑》

【释义】 仰：举头往高处看。瞻（zhān）：往前看。仰望高空的人不能忽视地下，往前方观看的人不能忽视背后。

弄刀者伤手，打跳者伤足。

【出处】 三国·蜀·诸葛亮《便宜十六策·阴察》

【释义】 舞弄刀子的人容易将手割破，蹦蹦跳跳的人容易将脚跌伤。喻指常做某事，一旦疏忽，就会招致灾祸。

不踬于山，而踬于垤。

【出处】 战国 · 韩非《韩非子 · 六反》

【释义】 踬（zhì）：被绊倒。垤（dié）：小土堆。没被大山绊倒，却被小土堆绊倒。用来告诫人们对小困难也要重视，免得经过了大风大浪，却在小河沟里翻船。

事以密成，语以泄败。

【出处】 战国 · 韩非《韩非子 · 说难》

【释义】 事情由于保密而成功，说话因为泄露机密而失败。

水至清则无鱼，人至察则无徒。

【出处】 汉 · 班固《汉书 · 东方朔传》

【释义】 至：太，极。指程度达到极点。察：精明。徒：同伴。水太清了，鱼就无法藏身，因此水里

就没有鱼了；为人太精明了，不能宽容于别人，就找不到合得来的人。

暴虎冯河，死而无悔者，吾不与也。必也临事而惧，好谋而成者也。

【出处】《论语·述而》

【释义】暴：空手搏击。冯（píng）：徒步趟过。赤手空拳打虎，步行渡河，这样死了都不后悔的人，我不同他共事。我所要共事的，一定是遇事谨慎，善于深思熟虑而能完成任务的人。

以身观身，以家观家，以乡观乡，以国观国，以天下观天下。吾何以知天下然哉？以此。

【出处】春秋·老子《道德经》

【释义】国：指诸侯国。从自身去观察他人，从自己的家去观察他人的家，从自己所在的乡去观察异乡，从自己的国家去观察其他的国家，从自己所处的天下去观察其他的天下。我是怎么去知道天下的情况呢？就是用这种方法。

【富春山居图】卷 局部 ［元］黄公望 中国台北故宫博物院藏 26－4

【富春山居图】卷 局部 ［元］黄公望 中国台北故宫博物院藏 26-4

一失脚成千古恨，再回头是百年人。

【出处】明·唐寅《废弃诗》

【释义】失脚：失足，比喻堕落或犯严重错误。千古：久远的年代。百年人：百年之后的人，指已经死去的人。一旦堕落或犯了严重的错误，就将遗恨终身，要想不犯这个错误已是下一辈子的事了。这两句多用来劝诫人立身处世要谨慎，免得出事后后悔莫及，也可以用来表示深切的悔恨。

非我而当者，吾师也；是我而当者，吾友也；谄谀我者，吾贼也。

【出处】战国·荀况《荀子·修身》

【释义】非：指批评，责备。当：合适。是：肯定。谄谀：奉承。贼：害。对我批评得正确、恰当的人，可以成为我的老师；能恰如其分地评价我的优点的人，是我的朋友；对我阿谀奉承的人，是在害我。

遇事之易者未足喜，遇事之难者未足忧。

【出处】宋·吕祖谦《东莱博议·楚莫敖屈瑕》

【释义】碰上容易做的事不要显得十分高兴，碰上难

做的事不可以忧心忡忡。说明看起来容易做的事不一定能做好，似乎难做的事不一定就做不好。对易做之事不可掉以轻心，对难做之事不可丧失信心。

治于神者，众人不知其功；争于明者，众人知之。

【出处】 战国·墨翟《墨子·公输》

【释义】 神：指事变正在酝酿的隐微阶段。将灾祸在酝酿初期就解除掉，众人不知道他的功劳；在明处相争而获胜，众人就知道他的功劳。

舌之存也，岂非以其柔耶？齿之亡耶，岂非以其刚耶？

【出处】 汉·刘向《说苑·敬慎》

【释义】 舌头能长期存在，难道不是因为它柔软吗？牙齿早就脱落，难道不是因为它刚硬吗？

江河大溃从蚁穴，山以小陁而大崩。

【出处】汉·刘向《说苑·谈丛》

【释义】江河冲溃大堤从蚁穴开始，高山会因小坍方而导致大崩塌。

善游者溺，善骑者堕，各以其所爱，反自为祸。

【出处】汉·刘安《淮南子·原道训》

【释义】善于游泳的人常常被淹死，善于骑马的人往往被摔下来，各人因自己所擅长的，反而会招来祸患。喻指擅长某事容易掉以轻心，招来祸患。

函牛之鼎以亨鸡，多汁则淡而不可食，少汁则熬而不可熟。

【出处】南朝·宋·范晔《后汉书·边让传》

【释义】函：容纳。鼎：古人用以煮食物的器具，圆形，三足两耳。亨：同“烹”。汁：汤水。淡：香味少。熬：焦。用煮全牛的大鼎来烹煮一只鸡，汤放多了自然没有香味而没法吃，汤放少了就会煮焦却不能煮熟。因此无论做什么事，都得选择恰当的手段和方法。

故于事未尝敢疑惑，宜行则行，宜止则止。

【出处】唐·韩愈《上留守郑相公启》

【释义】宜：应该。行：做，行动。因此无论做任何一件事从来不敢犹疑不决，应该行动的决不停止不前，应该停止的决不前进一步。

君子防未然，不处嫌疑间。

【出处】三国·魏·曹植《君子行》

【释义】未然：还未发生。处：置身于。高尚的人要预防还未发生的事情，不要置身于犯嫌疑的境地。这两句多用于告诫人们要处事谨慎，要避开嫌疑。

智者举事，因祸为福，转败为功。

【出处】汉·司马迁《史记·苏秦列传》

【释义】智者：聪明的人。举事：做事。明智的人做事情，能把祸转化为福，将失败转变为成功。说明要善于把不利因素化为有利因素。

善渔者不泄泽，善田者不竭卉。

【出处】明·王廷相《慎言·保傅篇》

【释义】渔：捕鱼。泄：排泄。泽：水洼。田：指种田。

竭：除尽。卉（huì）：草的总称。会打渔的人不会将水全部排干，会种田的人不会将草全部拔除。这两句说真正会做事的人不光看到眼前利益，还要为以后着想。

瞻前而顾后兮，相观民之计极。

【出处】战国·屈原《离骚》

【释义】相观：观察。极：穷尽。瞻望将来，回顾从前，观察人民的意图要周全。说明考虑问题应全面周到，要了解人民拥护什么，不拥护什么。

川流溃决，必问为防之人；比户延烧，必罪失火之主。

【出处】清·唐甄《潜书·远谏》

【释义】川流：河流。溃决：堤坝决口。问：问罪。为防：修筑堤防。防，堤坝。比户：户户相挨。延：蔓延。罪：治罪。长河大江决堤，一定要问罪于修筑堤防的人；一户连着一户地被火焚烧，一定要问罪于造成火灾的那个人。说明有了问题一定要从根本上找原因。

不收金弹抛林外，却惜银床在井头。

【出处】唐·李商隐《富平少侯》

【释义】 不去将弹出去的金弹拾回，任其丢失在林外，却对井上的辘轳架倒有几分怜惜。讽刺富平少侯的昏愚无知。可用来比喻轻重不分、本末倒置的情形。

以肉去蚁，蚁愈多；以鱼驱蝇，蝇愈至。

【出处】 战国·韩非《韩非子·外储说左下》

【释义】 拿肉驱赶蚂蚁，蚂蚁反而会越赶越多；用鱼去轰散苍蝇，苍蝇反而会越聚越多。喻指对于可憎的事情必须采取正确的措施加以消除，否则会弄巧成拙。

礼恭而意俭，大齐信焉，而轻货财；贤者敢推而尚之，不肖者敢援而废之，是中勇也。

【出处】 战国·荀况《荀子·性恶》

【释义】 俭：谦卑。大：重视。齐信：忠信。礼貌恭谨而心存谦逊，注重信用而轻视钱财；对于贤能的人敢于推举上去使他受到重用，对于不贤的人，敢于把他拉下来废弃掉，这便是中等勇敢的人。

人恒过，然后能改；困于心，衡于虑，而后作；征于色，发于声，而后喻。

【出处】战国·孟轲《孟子·告子下》

【释义】恒：常常。衡：通“横”，梗塞。作：奋发。喻：明白，了解。人常常会犯错误，然后从中接受教训，改正错误；心中困惑，思虑阻塞，然后才能奋发努力；效果表现在面色上，抒发在言语中，然后才能被人们了解。

防决不备，有水溢之害；网解不结，有兽失之患。

【出处】汉·王充《论衡·对作》

【释义】不做好堤防工作，就有洪水泛滥的危害；罗网口不结好，就有捕不到鸟兽的危险。

衣缺不补则日以甚，防漏不塞则日以滋。

【出处】 汉·桓宽《盐铁论·申韩》

【释义】 衣服破了不补，会一天比一天更加破烂；河堤漏水不堵塞，会一天比一天漏得厉害。喻指要防微杜渐。

香饵非不美也，龟龙闻而深藏，鸾凤见而高逝者，知其害身也。

【出处】 汉·桓宽《盐铁论·褒贤》

【释义】 香饵并非不味美，但龟龙闻到却下藏深渊，凤鸟见了也高飞蓝天，这是因为知道会危害自身。

象以齿焚身，蚌以珠剖体。

【出处】 汉·王符《潜夫论·遏利》

【释义】 大象因为有牙齿而丧生，蚌因为有珍珠而惨遭剖身。

治疾及其未笃，除患贵其未深。

【出处】 晋·陈寿《三国志·吴书·骆统传》

【释义】 笃：病重。患：祸患。治疗疾病要在病轻微时就医治，消除祸害贵在祸殃未深之时。告诫人们除祸要及时。

宜未雨而绸缪，毋临渴而掘井。

【出处】清·朱柏庐《朱子治家格言》

【释义】宜：应当。绸缪（chóu móu）：用绳索捆绑。毋：不要。应当在没有下雨的时候就把门窗捆绑牢实，不要到口渴的时候才想起去挖井。

富贵而知好礼，则不骄不淫；贫贱而知好礼，则志不慑。

【出处】战国·子思《礼记》

【释义】慑：恐惧。富贵而懂礼，就能做到不骄不淫；贫贱而懂礼，心中就没什么可害怕的。

末流之竭，当穷其源；枝叶之枯，必在根本。

【出处】明·叶之奇《草木子·杂俎篇》

【释义】末流：河水的下游。竭：干涸。穷：寻求到尽头。河流下游之水枯竭，应当从河流的发源地找原因；树木的枝叶干枯，那一定是树根上出了问题。喻指凡事要从根本上找原因。

厚味来殃，艳色危身；求高反坠，务厚更贫。

【出处】三国·魏·卞兰《座右铭》

【释义】 吃得太好必招来祸殃，妖艳的女人会伤害生命；求取高位反而落到低处，谋求丰厚反而更加贫困。

过载者沉其舟，欲胜者杀其身。

【出处】 晋·葛洪《抱朴子·微旨》

【释义】 装载过重就会使船沉下去，欲望过多就会招来杀身之祸。

得意浓时休进步，须防世事多番覆。

【出处】 明·冯梦龙《古今小说·闹阴司司马貌断狱》

【释义】 浓时：程度很深的时刻。番覆：反复无常。一个人在非常得意的时候就不要咄咄逼人，应该防备世上许多事情都是反复无常的。

船到江心补漏迟。

【出处】 元·关汉卿《救风尘》第一折《幺篇》

【释义】把船划到江心才想到去补漏洞，那就晚了。说明灾祸到了跟前才想到补救，那就无济于事了。

登峻者戒在于穷高，济深者祸生于舟重。

【出处】晋·葛洪《抱朴子·博喻》

【释义】峻：高山。戒：戒心。穷：极。济：渡。舟重：指船上装的货物太多。攀登高峰者的惊惧，往往发生在登上最高处；横渡深水者的祸患，常常发生在船上装得太重。

骑马莫轻平地上，收帆好在顺风时。

【出处】清·袁枚《示儿》

【释义】轻：轻视。收帆：指下帆缓航。骑马的人不能在平坦的道路上就掉以轻心，驾船的人应在顺风时就应该及早收帆。人生活在顺境中不但要格外小心，还应该适可而止。

朝露贪名利，夕阳忧子孙。

【出处】唐·白居易《不致仕》

【释义】朝露：早晨的露水，喻指年轻时代。夕阳：傍晚的阳光，喻指年老时期。对于一般人来说，年轻的时候往往贪图名誉和利益，年老的时候又忧虑子孙后代的生活。

非澹泊无以明志，非宁静无以致远。

【出处】三国·蜀·诸葛亮《诫子书》

【释义】澹泊：恬淡。宁静：指专心致志。不恬淡寡欲就不能明确志向，不专心致志就不能达到远大的目标。

长袖善舞，多钱善贾。

【出处】战国·韩非《韩非子·五蠹》

【释义】贾（gǔ）：做买卖。长袖便于舞得好看，本钱多才好做生意。意谓条件好，事情容易成功。

轻者重之端，小者大之源，故堤溃蚁孔，气泄针芒。

【出处】南朝·宋·范晔《后汉书·陈忠传》

【释义】轻是重的开端，小是大的源头，所以河堤溃于蝼蚁穿洞，球泄气是由于针尖所致。

坏崖破岩之水，源自涓涓。

【出处】南朝·宋·范晔《后汉书·丁鸿传》

【释义】 冲毁岩崖的大水，是由涓涓细流汇集而成的。喻指应及早消除祸患。

禁微则易，救末者难，人莫不忽于微细，以致其大。

【出处】 南朝·宋·范晔《后汉书·丁鸿传》

【释义】 禁止萌芽容易，挽救结果就困难，人往往轻忽细微末节，以至发展到不可以收拾的地步。

事遇机关须退步，人逢得意早回头。

【出处】 明·兰陵笑笑生《金瓶梅词话》第九十二回

【释义】 机关：机谋奸诈。得意：称心如意。办事遇到机谋奸诈，就要抽身退步；已经称心如意，就要及早回头。这两句多用于告诫人们不论处于顺境、逆境，都要留有余地，适可而止。

得闭口时须闭口，得放手时须放手。

【出处】 明·冯梦龙《醒世恒言·小水湾天狐贻书》

【释义】 得：能够。能够不说话的时候就不要多说话，能够住手的时候就要住手。

生　活　篇

积爱成福，积怨成祸。

【出处】 汉 · 刘安《淮南子 · 人间训》

【释义】 积爱：爱得多了。积怨：怨气多了。多多与人友爱，就可得到幸福；多与人发生怨恨，就会造成祸害。

大害必有小利为之媒，大利必有小害为之倪。

【出处】 明 · 庄元臣《叔苴子内篇》卷一

【释义】 媒：媒介。倪：事物细微的初始。大的祸害一定会有微小的好处替它作媒介，大的好处一定会有微小的祸害为它做借鉴。说明有害必有利，有利必有害；人不能贪图小利，也不能凡是祸害就一概摈弃，而应当比较利与害孰小孰大，然后再决定取舍。

天有不测风云，人有旦夕祸福。

【出处】 元 · 无名氏《合同文字》杂剧第四折

【释义】 旦夕：比喻极短时间。天气有不可测知的风云变幻，人间有捉摸不定的祸福交替。意谓有些灾祸的发生，事先是无法预料的。

无平不陂，无往不复。

【出处】 《易·泰》

【释义】 陂：坡，倾。复：返。万物没有平而不坡的，没有往而不返的。比喻否极泰来。

圣人甚祸无故之利。

【出处】 汉·司马迁《史记·赵世家》

【释义】 甚：严重。意谓圣人把不劳而获看作是严重的祸患。说明应以正当方式获利，发横财会招致灾祸。

临祸忘忧，忧必及之。

【出处】 春秋·左丘明《左传·庄公二十年》

【释义】 临：面临。及：到来。面临灾祸而忘记忧患，忧患必然发生。这两句告诫人们要及早警惕和防备祸患的发生，不可盲目乐观。

弃德崇奸，祸之大者也。

【出处】 春秋·左丘明《左传·僖公二十四年》

【释义】 崇：崇尚。弃绝道德，崇尚奸诈，就要酿成大祸啊！这两句告诫人们要讲求道德，弃绝奸诈。

分争者不胜其祸，辞让者不失其福。

【出处】 春秋·晏婴《晏子春秋·内篇杂下第十四》

【释义】 分争：纷争，争执纠纷。胜：承受。争执不休的人将承受不住突来的祸害，谦逊辞让的人不会失去自己的福气。

祸莫大于不知足，咎莫大于欲得。

【出处】 春秋·老子《道德经》

【释义】 咎：过失，罪过。天下最大的祸患莫过于不知足，最大的罪过莫过于贪婪。

以道制欲，则乐而不乱；以欲忘道，则惑而不乐。

【出处】 战国 · 荀况《荀子 · 乐论》

【释义】 用道德来控制私欲，就快乐而不会淫乱；只顾满足私欲而忘却道德，就会受迷惑而不会快乐。

居安思危，思则有备，有备无患。

【出处】 春秋 · 左丘明《左传 · 襄公十一年》

【释义】 处于平安的环境要想到危险，想到危险就有所准备，有了准备就没有祸患。

恶言不出于口，忿言不反于身。

【出处】 战国 · 子思《礼记 · 祭义》

【释义】 忿：忿怒。无礼的话不从你嘴里说出来，忿怒的话也不会回到你身上。说明用恶语伤人者，必自食其果。

祸之所由生也，生自纤纤也。

【出处】 战国 · 荀况《荀子 · 大略》

【释义】 纤纤：细微。灾祸的产生，是由细微的萌芽状态开始，慢慢地发展起来的。这两句可用于告诫人们对灾祸要注意防微杜渐。

怠慢忘身，祸灾乃作。

【出处】 战国·荀况《荀子·劝学》

【释义】 怠慢：懒惰，松懈。作：发生。懒惰懈慢就会忘记自身，灾祸就会产生。

祸与福同门，利与害为邻。

【出处】 汉·刘安《淮南子·人间训》

【释义】 灾祸与福分出自一家，利益与危害互为邻居。也可用于告诫人们当幸福与利益到来时不可得意忘形，要预防灾祸和危害；当灾祸和危害加身时也不必过于悲观，要积极努力促使其向好的方面转化。

塞翁失马，安知非福。

【出处】 汉·刘安《淮南子·人间训》

【释义】 边塞上的一个老头丢了一匹马，怎么知道这不是好事呢？这两句话比喻虽然暂时受到损失，但也可能因此得到好处，含有在一定条件下坏事可以变成好事之意。

物盛而衰，乐极则悲。

【出处】 汉·刘安《淮南子·道应训》

【释义】 事物盛极就会转向衰败，乐极就会转变为悲伤。

福莫大无祸，利莫美不丧。

【出处】 汉·刘安《淮南子·诠言训》

【释义】 幸福没有比无灾祸更大的，利益没有比不丢失什么更好的。

祸不妄至，福不徒来。

【出处】 汉·司马迁《史记·龟策列传》

【释义】 灾祸不会盲目地降临，幸运也不会无缘无故地来到。

积善之家，必有余庆；积不善之家，必有余殃。

【出处】 《易·坤》

【释义】 庆：幸福。殃：灾祸。好事做得多的人家，必然会享有很多的福禄；坏事做得多的人家，必然会遭受无穷的灾祸。

能除患则为福，不能除患则为贼。

【出处】 战国·荀况《荀子·大略》

【释义】 贼：害。能够铲除祸患就是福，不能铲除祸患就是害。

患生于多欲，害生于弗备。

【出处】 汉·刘安《淮南子·缪称训》

【释义】 患：灾祸。欲：欲望。弗：不。备：事先防备。祸患产生于欲求过多，灾害产生于毫无防备。这两句可用以告诫人们不可贪婪，不可无备。

祸固多藏于隐微，而发于人之所忽。

【出处】 汉·班固《汉书·司马相如传》

【释义】 固：本来。发：发生。忽：不注意。灾祸本来就大多藏匿在隐蔽和细微的地方，而在人们的轻忽中产生。这两句可用于告诫人们要善于从隐蔽和细微处发现问题，提高警惕，防微杜渐。

与其有乐于身，孰若无忧于心。

【出处】 唐·韩愈《送李愿归盘谷序》

【释义】 与其有欢乐在身体上，还不如心中没有忧虑。

喜极至无言，笑余翻不悦。

【出处】 唐·杜牧《池州送孟迟先辈》

【释义】 高兴之极反倒无话可说，欢笑过度会转变为不悦。

内睦者家道昌，外睦者人事济。

【出处】 宋·林逋《省心录》

【释义】 内睦：家庭内部和睦。家道：家境。昌：兴旺。外睦：与家庭以外的人建立良好的交往关系。人事：人世上的各种事情。济：成功。全家人和睦相处，家境就会兴盛；与外人和睦相处，各种事情就都能办成功。说明一定要把家庭内部和与外人的关系搞好。

民生在勤，勤则不匮。

【出处】 春秋·左丘明《左传·宣公十二年》

【释义】 民生：平民的生计。匮（kuì）：缺乏。平民的生计就在于勤劳，只要勤劳就不会缺乏财富。

有疾固足惧，无疾未足愉。

【出处】 清·陈确《病吟》

【释义】 愉：喜悦。有了疾病固然足以使人戒惧，没有疾病也不能盲目乐观。喻指人不能仅仅做到见危知畏，还必须做到居安思危。

君子多欲则贪慕富贵，枉道速祸；小人多欲则多求妄用，败家丧身。

【出处】 宋·司马光《温公文正司马公文集》

【释义】 君子贪心就要企慕富贵，不走正路，加速灾祸的到来；小人贪心就会四处钻营，恣意挥霍，致使家败人亡。

贪痴无底蛇吞象，祸福难明螳捕蝉。

【出处】 明·冯梦龙《古今小说·陈御史巧勘金钗钿》

【释义】 贪痴：贪心狂妄。螳捕蝉：螳螂捕蝉，黄雀在后。贪心狂妄，没有止境，就像蛇想要把大象吞下去一样；人的祸福难以预料，就像螳螂捕蝉，而黄雀在后欲啄螳螂一样。

和气致祥，乖气致戾。

【出处】 清·百一居士《壶天录》

【释义】 祥：吉祥。乖气：乖张，执拗不顺，违反情理。戾（lì）：灾祸，罪过。和睦能带来吉祥，乖张会导致祸殃。

人在阳时则舒，在阴时则惨。

【出处】 汉 · 张衡《西京赋》

【释义】 舒：舒畅欢快。惨：悲伤。人在春夏万物萌生之季，心情就非常舒畅；人在秋冬草木凋零之时，心情就十分感伤。

丈夫贵壮健，惨戚非朱颜。

【出处】 唐 · 杜甫《遣兴》

【释义】 朱颜：红颜，指青壮时期。大丈夫最可贵的是身体健壮，悲苦忧伤不是年轻人的形象。

万事难并欢，达生幸可托。

【出处】 南朝 · 宋 · 谢灵运《斋中读书》

【释义】 达生：《庄子 · 达生》说人之生死自己无法改变，只有达生者才能遗世。人生遇到的各种事很难都是快乐的，只有善于养生的人才能幸福地生活在这个世界上。

久卧伤气，久坐伤肉。

【出处】《黄帝内经·素问》

【释义】伤气：指气滞而后百病生。伤肉：指肌肉不实，身体绵软无力。长久地躺着，血流不畅，就会伤气；长久地坐着，四肢不活动，就会虚胖。

食能以时，身必无灾。

【出处】秦·吕不韦《吕氏春秋·尽数》

【释义】时：节制。饮食能够有节制，身体必然不会有灾疾。

病来如山倒，病去如抽丝。

【出处】清·曹雪芹《红楼梦》第五十二回

【释义】意谓病来得很突然，去得却很缓慢。

人逢喜事精神爽，月到中秋分外明。

【出处】明·冯梦龙《醒世恒言》

【释义】 人遇到喜事精神就十分爽朗，月亮到中秋就分外明亮。

四体不勤，五谷不分。

【出处】 《论语·微子》

【释义】 四体：四肢，指两手和两脚。五谷：黍、稷、菽、麦、稻，这里泛指各种庄稼。四肢不劳动，五谷分不清。

蚤作而夜思，勤力而劳心。

【出处】 唐·柳宗元《送薛存义序》

【释义】 蚤：同“早”。作：做事。思：回想检查。每日很早就起身劳作，干了一天工作，夜里还要对自己白天的行为进行一番回想，整天劳心劳力难得休息。这两句话今天可用来形容那种兢兢业业、不辞劳苦的人。

以财为草，以身为宝。

【出处】 汉·刘向《说苑》

【释义】 应该把钱财看得像野草一样贱，而把身体看作宝物。

水能性澹为吾友，竹解心虚即我师。

【出处】 唐·白居易《池上竹下作》

【释义】澹：平静，澹泊，把名利看得很淡。水的本性是平静的，它有那种澹泊的风度，可以做我的朋友；竹的中心是空灵的，它有那种虚心的态度，可以做我的老师。

人生天地间，如何不植立？

【出处】宋·陆九渊《语录下》

【释义】人生来到世间，为什么不有所建树？意谓人生在世，应当有所作为。

人有不为也，而后可以有为。

【出处】战国·孟轲《孟子·离娄下》

【释义】人有所不为，然后才能有所作为。喻指人不能什么都要做，而必须有所舍弃。这样才能干出一番事业。

少不勤苦，老必艰辛；少能服劳，老必安逸。

【出处】宋·林逋《省心录》

【释义】少（shào）：年轻时。服劳：做事勤劳。年轻的时候不勤劳刻苦，年老之后日子一定很困难；年轻的时候能够吃苦耐劳，年老之后日子一定过得很安闲舒适。说明人必须从小就要勤苦做事，这样，晚年才会幸福。

无药可延卿相寿，有钱难买子孙贤。

【出处】 元·佚名《冤家债主·楔子》

【释义】 没有良药可以延长达官贵人的性命，即使有钱也买不来子孙有好的德行和才能。

财有限，费用无穷，当量入为出。

【出处】 北齐·颜之推《颜氏家训》

【释义】 量：估量，计算。财物是有一定限度的，可消费却是没有止境的，因此每个家庭都应该计算自己的收入作为支出。

饮食不节，杀人倾刻。

【出处】 明·李时珍《本草纲目》

【释义】 饮食不加以节制，终将使人在倾刻之间死去。

忧伤能伤人，绿鬓变霜鬓。

【出处】 唐·李白《怨歌行》

【释义】 绿鬓：黑色鬓发。年轻人头发黑而有光，其色似浓绿，故云绿鬓或绿云。忧愁能够损伤人的身体，使人变老，黑发变成白发。

夏日长抱饥，寒夜无被眠。

【出处】 晋·陶潜《怨诗楚调示庞主簿邓治中》

【释义】 家境贫寒之至，以至于夏天终日饥饿，冬夜没有被褥御寒。此诗状写作者归隐后期的尴尬境遇。

可损之善，莫善损忿欲。

【出处】 唐·魏徵《群书治要》

【释义】 关于控制自己，莫过于抑制忿怒和情欲。

自静其心延寿命，无求于物长精神。

【出处】 唐·白居易《不出门》

【释义】 平静内心就可延长寿命，不贪求就精神旺盛。

物之有成必有坏，譬如人之有生必有死，而国之有兴必有亡也。

【出处】 宋·苏轼《墨妙亭记》

【释义】 坏：衰败。兴：兴盛。天下万事万物有成熟的时候就必然有衰败的时候，这正如人有活着的时候必然有死亡的时候，也像国家有兴盛的时候就必然有灭亡的时候一样。

所食愈少，心愈关，年愈益；所食愈多，心愈塞，年愈损。

【出处】晋·张华《博物志》

【释义】益：有益于生命。损：有损于生命。吃得越少，心胃的负担越轻，人的寿命会越长；吃得越多，心胃的负担越重，人的寿命会越短。

心如止水鉴常明，见尽人间万物情。

【出处】唐·刘禹锡《和仆射牛相公寓言》

【释义】心静如水就会像永远明亮的镜子，看清人世间万事万物的情状。

惩病克寿，矜壮死暴。

【出处】唐·柳宗元《敌戒》

【释义】疾病要能预防才能长寿，自认身体健壮的人却会突然死亡。

嗜欲喜怒之情贤愚皆同，贤者能节之，不使过度；愚者纵之，多至失所。

【出处】唐·吴兢《贞观政要·慎终》

【释义】嗜欲喜怒之情贤人和愚人都同样有。但贤人能节制，不使它超过限度；而愚人则放纵它，往往造成错误。

苦心殊易老，新发早年生。

【出处】唐·方干《赠功成将》

【释义】过于劳心很容易衰老，年纪轻轻就会长出白发。

流水不腐，户枢不蠹，动也。

【出处】秦·吕不韦《吕氏春秋·尽数》

【释义】枢：木门上的转轴。蠹：蛀虫。流动的水不会腐坏，转动的门轴不生蛀虫，都是因为不停地运动。

速成不坚牢，亟走多颠踬。

【出处】唐·范质《诫儿侄八百字》

【释义】成功太快不会持久，走得太急往往会摔倒。

患生于多欲，害生于弗备。

【出处】 汉·刘安《淮南子·缪称训》

【释义】 祸患产生于私欲太多，灾难产生于事先无所防范。

兄弟阋于墙，外御其务。

【出处】 春秋·孔丘《诗经·小雅·常棣》

【释义】 弟兄间在家里可以互相争吵，但若有外部敌人来欺负就会团结起来共同抵抗。

既以为人己愈有，既以与人己愈多。

【出处】 春秋·老子《道德经》

【释义】 尽力帮助别人自己会得到更多的帮助，尽力给予别人自己也会得到更多的利益。喻指帮助别人，也会同样得到别人的帮助。

世 道 篇

蛟龙得云雨，终非池中物。

【出处】晋·陈寿《三国志·吴书·周瑜传》

【释义】蛟龙得到云雾雨露，最终将不会甘作池中之物。比喻有才能的人，一旦遇到机会，就会充分施展才华。

一登龙门，则声誉十倍。

【出处】唐·李白《与韩荆州书》

【释义】登龙门：传说鲤鱼游至龙门，如果能跃过去，就可化为龙。一旦能得到有力者的援引，步入官场，就会声名大振。以“鲤鱼跃龙门”比喻官场得意，微含讥刺意味，故一般用来嘲讽受人提携而飞黄腾达的轻薄新进之士。

忍辱含垢，常若畏惧。

【出处】南朝·宋·范晔《后汉书·曹世叔妻传》

【释义】忍辱：忍受耻辱。含垢（gòu）：承受侮辱。垢，污秽；也作“诟”，作耻辱讲。忍受着耻辱，经常好像怀着畏惧。借以形容身处逆境中的人不得已而忍受耻辱，畏首畏尾，动辄得咎，经常处在恐惧的状态之中。

【富春山居图】卷 局部［元］黄公望 中国台北故宫博物院藏

【富春山居图】卷 局部 [元] 黄公望 中国台北故宫博物院藏 26-5

人之多言，亦可畏也。

【出处】春秋·孔丘《诗经·郑风·将仲子》

【释义】多言：指闲话或议论。别人的议论，也真叫人害怕。

人无害虎心，虎有伤人意。

【出处】元·纪君祥《赵氏孤儿》杂剧楔子

【释义】人没有伤害老虎的心思，老虎却有伤害人的意图。喻指坏人心地险恶，必须提防。

柔则茹之，刚则吐之。

【出处】春秋·孔丘《诗经·大雅·烝民》

【释义】茹（rú）：吃。意谓软的就吃下去，硬的就吐出来。

匹夫无罪，怀璧其罪。

【出处】春秋·左丘明《左传·桓公十年》

【释义】匹夫：指平常的人。百姓本没有罪，因身藏璧玉而获罪。原指财宝能致祸。后亦比喻有才能、有理想而受害。

为善者不云利，逐利者不见善。

【出处】宋·林逋《省心录》

【释义】云：说。逐利：追求利益。逐，追赶，追求。做有益于众人之事的人从来不谈利益；追逐利益的人从来不做善事。意谓君子、小人各有所求。

人方为刀俎，我为鱼肉。

【出处】 汉 · 司马迁《史记 · 项羽本纪》

【释义】 俎（zǔ）：砍肉的垫板。鱼肉：指被宰割的对象。别人正像屠刀和砧板，而我们却似被宰割的鱼和肉。比喻生杀权掌握在别人手里，自己处在被宰割的地位。

力田不如逢年，善仕不如遇合。

【出处】 汉 · 司马迁《史记 · 佞幸传》

【释义】 遇合：遇上能够赏识自己的人。努力耕田不如遇上丰年，好好做官不如遇上赏识自己的领导。

与善人居，如入兰芷之室，久而不闻其香，则与之化矣。

【出处】 汉 · 刘向《说苑 · 杂言》

【释义】 兰芷：香草名。与之化：与善人习而化。同好人生活在一起，就像走进兰草和香芷的花房，长久了可能闻不到香味，那是因为自己也受到了优秀品质的熏染。

委肉当饿虎之蹊，祸必不振矣。

【出处】 汉 · 刘向《战国策 · 燕策三》

【释义】 委：弃置。蹊：小路。不振：不可挽救。把肉扔在饿虎出没的小路上，祸患就制止不了了。比喻处境十分危险，灾祸就要来临。

天下殆哉，岌岌乎。

【出处】 战国 · 孟轲《孟子 · 万章上》

【释义】 殆：危险。岌岌：形容危殆的样子。天下岌岌乎危险得很呀！形容政治形势十分危急，又可用来形容高大建筑物快要倒塌的样子，也可用来形容人的极其危险的处境。

危于累卵，难于上天。

【出处】 汉 · 班固《汉书 · 枚乘传》

【释义】 累卵：把蛋堆叠起来，比喻非常危险。处境比把蛋堆叠在一起还危险，要达到目的比登天还困难。

若鱼游釜中，喘息须臾间耳。

【出处】 南朝 · 宋 · 范晔《后汉书 · 张纲传》

【释义】 若：像。釜：相当于现在的锅。须臾：片刻。就像鱼在做饭的锅里游动一样，苟延残喘也不过片刻之间罢了。

盲人骑瞎马，夜半临深池。

【出处】南朝·宋·刘义庆《世说新语·排调》

【释义】瞎子骑着一匹瞎马，半夜来到深渊旁，危险之至。比喻人处于极其危险的境地而不自觉。

鱼游于沸鼎之中，燕巢于飞幕之上。

【出处】南朝·梁·丘迟《与陈伯之书》

【释义】鼎：古代烹煮用器，圆形，三足，两耳。巢：做窝。飞幕：飘动的帐幕。鱼游在煮沸的鼎水之中，燕子的窝做在飘动的帐幕之上。比喻处境岌岌可危，可用于表示处于危急境地。

黄钟毁弃，瓦釜雷鸣。

【出处】战国·屈原《卜居》

【释义】黄钟：古代的乐器，即青铜编钟。瓦釜（fǔ）：陶器，用普通粘土烧制的锅子。青铜编钟被毁坏抛弃而不用，反让瓦锅作为乐器响如雷鸣。比喻有才德的人被弃置不用，而无才德的平庸之辈却居高位。

胜事谁复论，丑声日已播。

【出处】唐·韩愈《合江亭》

【释义】意谓好的事情没有人议论，坏的名声却传播得很快。

居移气，养移体。

【出处】战国 · 孟轲《孟子 · 尽心上》

【释义】意谓所处的环境可以改变人的气度，所受到的奉养可以改变人的体质。

世情恶衰歇，万事随转烛。

【出处】唐 · 杜甫《佳人》

【释义】恶（wù）：讨厌。衰歇：衰败停歇。转烛：烛焰随风而变向。常情是，谁一旦家败势衰，就要遭人厌恶，原有的一切便像烛焰因风而动一样发生变化。两句诗慨叹当时的人情冷漠，世态炎凉。

小人溺于水，君子溺于口，大人溺于民。

【出处】战国 · 子思《礼记 · 缁衣》

【释义】溺（nì）：淹没。大人：指君主。一般人容易淹没在深水里，有德才的人容易淹没在流言里，一国的君主容易淹没在人民的怨愤中。

习俗移志，安久移质。

【出处】战国 · 荀况《荀子 · 儒效》

【释义】移：改变。志：心志，心理。质：本质。风俗习惯可以改变一个人的心理状态，长久的安逸可以改变一个人的思想本质。

开其自新之路，诱于改过之善。

【出处】宋·欧阳修《前光禄寺丞王简言复旧官制》

【释义】开：开启。诱：诱发。善：指善良之心。打开人的自新的道路，诱发他们改错的良知。

不戚戚于贫贱，不汲汲于富贵。

【出处】晋·陶潜《五柳先生传》

【释义】戚戚：忧虑的样子。汲汲：心情急切的样子，指四处钻营。在贫贱的生活中不该忧虑，在富贵的生活中不该钻营。

不患寡而患不均，不患贫而患不安。

【出处】《论语·季氏》

【释义】患：担忧。寡：少。财物少并不是最可怕的，而最可怕的是分配不均；百姓穷并不是最可怕的，而最可怕的是社会不安定。

太刚则折，太柔则卷，圣人正在刚柔之间。

【出处】汉·刘安《淮南子·氾论训》

【释义】刚：刚直，指严厉的治国之道。柔：柔软，指宽厚的治国之道。圣人：有极高修养的人。过分刚直就可能被折断，过分柔软也可能被卷曲，圣人恰好在阳刚阴柔之间。

长木之毙，无不摽也。

【出处】春秋·左丘明《左传·哀公十二年》

【释义】毙：倒下。摽：击，砸。高大的树木在倒下的时候，不能不砸坏其他东西。

福不择家，祸不索人。

【出处】春秋·管仲《管子·禁藏》

【释义】索：找寻。意谓福气不会自己选择人家，灾祸也不会自己寻人降临。

察见渊鱼者不祥，智料隐匿者有殃。

【出处】战国·列御寇《列子·说符》

【释义】意谓能看清深水中的鱼的人必会有不祥的遭遇，能看出人家隐私的聪明人必会有灾殃。

敌存灭祸，敌去召过。

【出处】唐·柳宗元《敌戒》

【释义】意谓敌人存在的时候，能提高警惕，因而避免灾祸；而敌人没有了，却容易丧失警惕，反遭祸害。

祸福茫茫不可期，大都早退似先知。

【出处】唐·白居易《九年十一月二十一日感事而作》

【释义】 茫茫：渺茫。不可期：难以预料。大都：大致上。早退：早日退身。两句说祸福难以预料，大致说来，早日退身就近于有先见之明了。

豪华尽出成功后，逸乐安知与祸双。

【出处】 宋·王安石《金陵怀古四诗》

【释义】 豪华是在功业成就之后才慢慢享受，淫逸安乐就同时招来祸害了。

贫不学俭，卑不学恭。

【出处】 晋·陈寿《三国志·魏书·任城陈萧王彰传评》裴松之注引鱼豢语

【释义】 意谓贫者不得不俭，卑者不得不恭，情势所迫，不学而能。

平地把手笑，乘崖拨足挤。

【出处】 宋·王令《交难赠杜渐》

【释义】 把手：握手。平道坦途上，彼此手握手欢笑不已；登上悬崖，则挪动双脚，试图将对方挤落。两句诗揭露那种平时称朋道友，一遇危险则必置对方于死地的险恶世风。

有钱可使鬼，无钱鬼揶揄。

【出处】宋·陈与义《书怀示友》之六

【释义】只要有钱，鬼神也能够听你使唤；若没有钱，鬼神也会嘲弄你。旧时形容金钱万能。

分争者不胜其祸，辞让者不失其福。

【出处】春秋·晏婴《晏子春秋·内篇杂下十四》

【释义】分：通“纷”。胜：克服，战胜。辞让：谦让有礼。陷入纷争的人不能战胜自己酿成的祸患，谦躬有礼的人不会失去自己创造的幸福。

世路山河险，君门烟雾深。

【出处】唐·刘禹锡《九日登高》

【释义】君门：帝王之门，此指官场。生活路上有许多如同山河一样的险阻，官场里边明争暗斗就像烟雾一般看不透彻。

舟覆乃见善游，马奔乃见良御。

【出处】汉·刘安《淮南子·说林训》

【释义】马奔：指马拉着车奔跑。御：驾驶马车的人。船翻之后才能看清谁是善于游泳的人，马跑起来之后才能看清谁是驭马的能手。

贫贱常思富贵，富贵必履危机。

【出处】唐·房玄龄《晋书·诸葛长民传》

【释义】履：踏。贫穷卑贱时常常盼望得到富贵；在富贵时却必会遇到潜伏的祸机。

众皆竞进以贪婪兮，凭不厌乎求索。

【出处】战国·屈原《离骚》

【释义】竞进：争着向上爬。凭：满足。求索：追求索取的意思。众人都争着往上爬而且贪婪无比，他们大都是贪得无厌，永远没有满足。此句痛斥官迷心窍、不顾廉耻、利欲熏心的一帮小人。

名高毁所集，言巧智难防。

【出处】唐·刘禹锡《萋兮吟》

【释义】名：名望。毁：诽谤。智：聪明人。名望高，则各种各样的诽谤指责就会从四面八方纷至沓来；蓄意伤人的花言巧语，即使是聪明人也难以防备。两句诗将视贤才如目中钉，对其百般诋毁的恶劣世风揭露得可谓淋漓尽致。

好女之色，恶者之孽也。公正之士，众人之痤也。

【出处】战国·荀况《荀子·君道》

【释义】色：指容貌，姿色。恶者：丑陋的人。孽：妖孽，灾殃。士：指统治阶级中的知识分子。美女的容貌，在丑陋的人看来就是灾祸。公正无私的士人，在众人眼里就成了痤疮。意谓贤人容易遭妒。

直木先伐，甘井先竭。

【出处】战国·庄周《庄子·山木》

【释义】甘：甜。竭：尽，用完。直的树木先被砍伐，甜水井先干枯。喻指名显招祸。

事修而谤兴，德高而毁来。

【出处】唐·韩愈《原毁》

【释义】修：完美，成功。谤：诽谤，诬蔑。毁：诋毁。一个人在事业上取得了成就，诽谤也就随之而来；一个人品德出众，种种诋毁也就接踵兴起。两句话写出当时社会上嫉贤妒能的恶劣风气。

贫居闹市无人问，富在深山有远亲。

【出处】明·罗贯中《三遂平妖传》第二回

【释义】 闹市：繁华热闹的街市。远亲：血统关系疏远的亲戚。家道贫寒的人，即使住在繁华的街市也无人探问；家道富庶的人，即使住在深幽的山谷也有远房亲戚。

贱日岂殊众，贵来方悟稀。

【出处】 唐·王维《西施咏》

【释义】 殊众：有异于众人。方：才。贫寒低贱的时候，有谁认为她不同于众而另眼看待？高贵之后，人们便纷纷觉得她确实是难寻其匹的绝代佳人。诗借咏西施刻画出世态之炎凉。

家贫僮仆慢，官罢友朋疏。

【出处】 唐·耿沣《春日即事》之二

【释义】 慢：怠慢，疏远。家道衰落了，连僮仆也怠慢起来；官职被罢免了，亲朋好友也纷纷疏远。描述出了当时社会的炎凉世态。

是可忍也，孰不可忍也。

【出处】 《论语·八佾》

【释义】 是：此，这个。这件事如果可以容忍，还有什么事不能容忍呢？

治　学　篇

大器晚成，大音希声。

【出处】春秋·老子《道德经》

【释义】喻指卓有才干的人往往需要经过长期的磨炼，成就得比较晚，不易为人所知。

天下桃李，悉在公门。

【出处】宋·司马光《资治通鉴·唐则天皇后久视元年》

【释义】赞誉卓有见识的人推荐、培育了大批人才。后称赞教师培养的学生遍布各地为“桃李满天下”。

齐都世刺绣，恒女无不能；襄邑俗织锦，钝妇无不巧。

【出处】汉·王充《论衡·程材》

【释义】说明耳濡目染，经常实践，均可达到熟练、精巧的程度。

近朱者赤，近墨者黑。

【出处】晋·傅玄《太子少傅箴》

【释义】靠着朱砂的变红，靠着墨的变黑。比喻接近好人可以使人变好，接近坏人可以使人变坏。指客观环境对人有很大影响。

青，取之于蓝，而青于蓝。

【出处】战国·荀况《荀子·劝学》

【释义】以靛青是从蓼蓝草中提炼出来，但颜色比蓼蓝草更深为喻，说明通过学习，能得到提高。后用以说明后来居上的道理。

拼却老红一万点，换将新绿百千重。

【出处】宋·杨万里《又和风雨二首》之一

【释义】原借描写残春花落叶茂的景色，暗讽在朝志士渐被排挤、奸佞日益横行的情况。后反其意而用，喻指前辈、长者不遗余力荐引、培育新人。

树橘柚者，食之则甘，嗅之则香；树枳棘者，成而刺人。

【出处】战国·韩非《韩非子·外储说左下》

【释义】喻指培养不同的人，效果不同。也可借以说明凡事应考虑其后果。

染于苍则苍，染于黄则黄。

【出处】战国·墨翟《墨子·所染》

【释义】 以染丝为喻，说明人们的思想、性格因受周围环境的影响而改变，告诫人们重视环境的影响。

不以规矩，不能成方圆。

【出处】 战国·孟轲《孟子·离娄上》

【释义】 规：圆规。矩：曲尺。不用圆规和曲尺这两种工具，就不能使方形和圆形符合标准。后喻指对人的严格要求。

师者，所以传道、授业、解惑也。

【出处】 唐·韩愈《师说》

【释义】 道：道理，此指儒家的哲学、政治、伦理原则。业：学业，指《诗》、《书》、《易》、《礼》、《乐》、《春秋》“六艺”。惑：疑惑，不明白的问题。老师，就是传授道理、教授学业、解答疑难问题的人。

弟子不必不如师，师不必贤于弟子。

【出处】唐·韩愈《师说》

【释义】不必：不一定。贤：高明。做学生的未必样样都比不上老师，做老师的未必处处都比学生高明。意谓人各有所长，应当互相学习。

敬教劝学，建国之大本；兴贤育才，为政之先务。

【出处】清·朱舜水《劝兴》

【释义】敬：敬重，敬事。劝：鼓励。大本：根本。先务：首要任务。重视教育，劝勉治学，这是建设国家的根本前提；发掘贤士，培育人才，这是治理政事的首要任务。说明兴办教育、培养人才是国家的首要任务。

玉不琢，不成器；人不学，不知道。

【出处】战国·子思《礼记·学记》

【释义】 琢：雕刻玉石。玉不经过雕琢，不能成为精美的器具；人不经过学习，不能明白事理。

人皆知以食愈饥，莫知以学愈愚。

【出处】 汉·刘向《说苑》

【释义】 愈：病好了。人们都知道用食物来填饱肚子，却不知道要用学习来治疗愚昧。

器不饰则无以为美观，人不学则无以有懿德。

【出处】 汉·徐干《中论·治学》

【释义】 饰：修饰。懿德：美德。器物不修饰就不能变得美观，人不学习就不会具有美好的品德。

学则智，不学则愚。

【出处】 清·黄宗羲《明儒学案》

【释义】 智：聪明。愚：愚蠢。学习，可以使人变得聪明；不学习，人就会蠢笨。

积财千万，不如薄伎在身。

【出处】 北齐·颜之推《颜氏家训》

【释义】 薄伎：微小的才能或技艺。即便是积蓄万贯家财也不如身怀一种小小的技艺。

玉不琢，则南山之圆石。

【出处】唐·马总《意林》引用《正部》语

【释义】琢：雕琢。则：那就是。玉如果不经雕琢，就如同是南山之上的普通的圆石而已。

玉经琢磨多成器，剑拔沉埋便倚天。

【出处】五代·王定保《唐摭言·慈恩寺题名游赏赋咏记》

【释义】拔：超出，抽出。沉埋：被埋没于泥土之中。倚天：即倚天长剑，此处指好剑。玉石经过切磋打磨大多能成为宝器，长剑超脱被埋没的处境，便能成为倚天宝剑。该名句阐释了树人成才的规律。

养不教，父之过；教不严，师之惰。

【出处】宋·王应麟《三字经》

【释义】生养孩子而不让他受教育，这是父亲的过错；虽教育而又不严格，那是教师懒惰的过失。

人之为学，不可自小，又不可自大。

【出处】清·顾炎武《日知录》

【释义】 为学：治学。自小：自以为低下。人研究学问，既不能自卑又不能自大。

多见者博，多闻者知。

【出处】 汉·桓宽《盐铁论·刺议》

【释义】 知：同“智”，聪明。看得多的人知识就渊博；听得多的人头脑就聪明。

操千曲而后晓声，观千剑而后识器。

【出处】 南朝·梁·刘勰《文心雕龙·知音》

【释义】 操：掌握。晓声：通晓音乐。器：东西的性质。掌握住了千百支曲调，而后才懂得音乐；观察过了千百把宝剑，而后才能识别宝剑的好坏。说明要正确地认识事物，必须通过实践和比较。

人生处万类，知识最为贤。

【出处】唐·韩愈《谢自然诗》

【释义】万类：万种物类。知：即“智”，智慧。识：见识。贤：高尚。人在世界万物当中，因为具有智慧和见识而最高尚。

学问藏之身，身在则有余。

【出处】唐·韩愈《符读书城南》

【释义】有余：用之不尽。人怀有学问，只要活着就会用之不尽。

大志非才不就，大才非学不成。

【出处】明·郑心材《郑敬中摘语》

【释义】宏大的志向没有才能就不可能实现，而很高的才能不通过学习也是不能形成的。

剑虽利，不厉不断；材虽美，不学不高。

【出处】汉·韩婴《韩诗外传》

【释义】厉：同“砺”，磨砺。宝剑虽然锋利，但要是不在石上磨砺，也不能砍断东西；人才虽然美好，但是不去学习，也就不能使才能得到发挥，品德得到提高。

善者不辩，辩者不善。知者不博，博者不知。

【出处】春秋·老子《道德经》

【释义】精通学问的人不显耀自己，喜欢显耀的人其实不精通学问。有知识的人并不样样都懂，样样都懂的人不一定有知识。

士虽有学，而行为本焉。

【出处】春秋·墨翟《墨子·修身》

【释义】读书人虽然有学问，但行动是根本。

尽信书，则不如无书。

【出处】战国·孟轲《孟子·尽心下》

【释义】如果全都相信书上的话，还不如没有书。

吾生也有涯，而知也无涯。

【出处】战国·庄周《庄子·养生主》

【释义】我的生命是有限的，但知识和学习知识的过程是无尽头的。

知者不言，言者不知。

【出处】 春秋 · 老子《道德经》

【释义】 知识丰富的人不多表露，过多表露的人则是缺乏知识。

不知则问，不能则学，虽能必让，然后为德。

【出处】 战国 · 荀况《荀子 · 非十二子》

【释义】 自己不知道的就询问，自己不会做的就学习，自己即使有才能也必须恭敬谦让，这样才能有德行。

学而时习之，不亦说乎？

【出处】 《论语 · 学而》

【释义】 习：复习，实习。说：通“悦”，高兴、愉快。对学到的知识经常去温习，不也是令人愉快的事吗？这里孔子讲到了求学的方法，要将学到的东西反复温习，并在社会生活中进行实践，使自己不断获得进步。

温故而知新，可以为师矣。

【出处】 《论语 · 为政》

【释义】 温习学过的知识，并能从中吸取新的体会和见解，这样的人就可以当老师了。这里，孔子强调要做一个老师，既要有丰富的知识，而且又有自己的学习心得和创造性的见解。

学而不思则罔，思而不学则殆。

【出处】《论语·为政》

【释义】罔：通“惘”，迷惘，不知所以。殆：疑惑。只顾读书而不开动脑筋去思索，就会茫然无所适从；冥思空想而不认真读书，就会使人疑惑不解。这里，孔子讲到了学习与思考的辩证法，一个人要增长知识和才干，必须认真读书并进行探索，两者不可偏废。

敏而好学，不耻下问。

【出处】《论语·公冶长》

【释义】聪慧敏捷而爱好学习，谦虚地向不如自己的人请教而不感到可耻。

默而识之，学而不厌，诲人不倦，何有于我哉？

【出处】《论语·述而》

【释义】识：记住。诲：教导。默默地把学过的知识记在心里，努力学习而从不满足，教导别人不知疲劳，这些事我做到了哪些呢？

学如不及，犹恐失之。

【出处】《论语·泰伯》

【释义】学习好像追逐什么似的生怕赶不上，学到以后仍然惟恐又会失掉它。这里，孔子的言论意在劝学，追求学问要努力向上，学到的知识要不断巩固，不可松懈怠惰，不可浅尝辄止。

古之学者为己，今之学者为人。

【出处】《论语·宪问》

【释义】古人学习是为了充实和提高自己的学问和道德，今人学习是为了装饰自己，给别人看。

匪面命之，言提其耳。

【出处】春秋·孔丘《诗经·大雅·抑》

【释义】不但当面指教，而且提着耳朵叮嘱。喻指殷切教诲。

博学而详说之，将以反说约也。

【出处】战国·孟轲《孟子·离娄下》

【释义】广泛地丰富自己的知识，用极其简单好懂的话，深入浅出地传授知识，使人明白地获得确切的答案。

学然后知不足，教然后知困。

【出处】战国·子思《礼记·学记》

【释义】学习之后才能知道自己有不足之处，教育别人之后才会感到自己还有不懂的地方。

师严然后道尊，道尊然后民知敬学。

【出处】战国·子思《礼记·学记》

【释义】教师须严整肃然，其学说才会被人尊奉，老百姓才会对他尊敬，跟他学习。喻指老师形象十分重要。

新竹高于旧竹枝，全凭老干为扶持。

【出处】清·郑燮《新竹》

【释义】比喻青出于蓝而胜于蓝，而新生力量的成长又须老一代积极培育扶植。

新蒲新柳三年大，便与儿孙作屋梁。

【出处】清·龚自珍《已亥杂诗》

【释义】以栽树喻指要迅速培育人才，作为长远之用。

道之所存，师之所存也。

【出处】唐·韩愈《师说》

【释义】存：在。道理所在的地方，也就是老师所在的地方。意谓“道”是择师的标准。

人生幼小，精神专利，长成已后，思虑散逸，固须早教，勿失机也。

【出处】北齐·颜之推《颜氏家训·勉学》

【释义】利：巧捷。逸：安闲。人在幼小的时候，精神专一，记忆力强，长大以后，思想分散，贪图安闲，所以应该及早进行教育，不要失掉良好的时机。说明早期教育的必要性。

大匠不为拙工改废绳墨，羿不为拙射变其彀率。

【出处】战国·孟轲《孟子·尽心上》

【释义】大匠：高明的工匠。绳墨：木工用来取直的器具，引申为法则。羿：人名，也称后羿，古代传说中的部落首领，善于射箭。彀率：张弓的限度，引申为标准。有名的工匠不因为木工技术愚笨而改变或废弃法则；善于射箭的后羿也不因为射手笨拙而改变拉弓的标准。说明教育人应按照一定的法则，不能因为学习的人愚笨就改变它。

大匠诲人，必以规矩，学者亦必以规矩。

【出处】战国·孟轲《孟子·告子上》

【释义】大匠：有名的木匠。规矩：指法则。有名的木匠教诲人，必定按照规矩；学习的人也必须遵守规矩。说明教与学都必须遵循法则，不可有随意性。

子孙若贤，不待多富；若其不贤，则多以征怨。

【出处】汉·王符《潜夫论·遏利》

【释义】待：须。征：召。子孙如果是有才德的，不须财富多；如果他没有才德，财富多了就会招致祸患。说明对待子孙，应注重教育他们成为德才兼备的人，而不在于留给他们多少财产。

多财只益愚，读书可希贤。

【出处】 元·王恽《元日示孙阿犍六十韵》

【释义】 益：增加。希：有希望达到。财富多只能增加人的愚蠢，读书才能使人变得贤明。

木受绳则直，金就砺则利。

【出处】 战国·荀况《荀子·劝学》

【释义】 绳：木匠用的绳墨。砺：磨刀石。木料经过加工就能变得笔直，刀剑经过磨砺就能变得锋利。说明人必须受教育才能有知识。

少壮不努力，老大徒伤悲。

【出处】 汉乐府《长歌行》

【释义】 徒：白白地。伤悲：悲伤，难过。年轻的时候不努力向上，老了悲伤，后悔也晚了。

读书好处心先觉，立雪深时道已传。

【出处】 清·袁枚《随园诗话》卷三

【释义】 立雪：指尊师重道。如果读懂书的要义，精神就会首先领悟；如果像宋人杨时那样做到程门立雪，尊敬师长，治世之道即可以向百姓推广。该名句强调认真读书与尊敬师长的重要性。

学问无大小，能者为尊。

【出处】 清·李汝珍《镜花缘》

【释义】 大小：指年长年幼。学问不论年长年幼，应该以擅长某一方面的人为师。

三余广学，百战雄才。

【出处】 唐·杨炯《唐昭武校尉曹君神道碑》

【释义】 三余：古时称冬天为岁之余，夜晚为日之余，阴雨为时之余，此泛指空闲。利用各种空暇时间广泛学习，才能具有百战不败的雄才大略。

博学而笃志，切问而近思，仁在其中矣。

【出处】 《论语·子张》

【释义】 广泛地学习而且坚守自己的志向，切实地发问而且对当前的实际问题多加思考，那么仁德自然就在这里面了。

授书不在徒多，但贵精熟。

【出处】 明·王守仁《传习录》

【释义】 教学要力求精熟，不要贪多。

不贵其师，不爱其资，虽智大迷。

【出处】 春秋·老子《道德经》

【释义】 不尊重他的老师，轻视借鉴的作用，虽然自以为聪明，其实是糊涂。说明受教育者应从正反两个方面接受经验教训，才能增长才干，遇事不迷。

君子之于子，爱之而勿面，使之而勿貌，导之以道而勿强。

【出处】 战国·荀况《荀子·大略》

【释义】 勿面：不在脸面上表现出来。使：使唤。勿貌：不给好的脸色。道：道理。强：强制。君子对于自己的孩子，喜爱他但不要表现在自己脸面上，使唤他但不要给好的脸色，用道理诱导他而不要强制他。

君子之教，喻也。道而弗牵，强而弗抑，开而弗达。

【出处】 战国·子思《礼记·学记》

【释义】 喻：启发。道：通“导”，诱导。弗：不。抑：推。达：通达。有修养的人教育学生，诱导他们而不是牵着他们学习，勉励他们而不是推着他们学习，启发他们的思路而不是代替他们对问题作出结论。

贤俊者自可赏爱，顽鲁者亦当矜怜，有偏宠者，虽欲以厚之，更所以祸之。

【出处】北齐·颜之推《颜氏家训·教子》

【释义】贤俊：才智出众。赏爱：赏识和喜爱。顽鲁：愚钝。矜怜：怜惜。才智出众的孩子自然令人喜爱，但愚笨的，也应于以怜惜；偏爱孩子的人，虽然想厚待孩子，但更因此使其得祸。说明对孩子应一视同仁，不要偏心。

毛羽未成，不可以高飞。

【出处】汉·司马迁《史记·苏秦列传》

【释义】假如鸟儿的羽毛还没有长丰满，就不可能翱翔于天空。此名句反映了司马迁树人育才的基本观点：要想有所作为，必须下功夫刻苦学习，使自己知识渊博起来，否则决不可能高飞远行。

少而好学，如日出之阳；壮而好学，如日中之光；老而好学，如炳烛之明。

【出处】汉·刘向《说苑·建本》

【释义】阳：鲜明，光亮。炳烛：燃烛照明。人年少而好学，就像初升的太阳一样，光明鲜亮；

壮年而好学，就像中午的太阳一样，光线强烈；老年而好学，就像燃烛照明一样，在黑暗中闪光。

日习则学不忘，自勉则身不堕。

【出处】 汉·徐干《中论·治学》

【释义】 习：温习，练习。堕：堕落。每日温习，所学的东西就不致忘记；时时自我勉励，思想就不致堕落。

不学自知，不问自晓，古今行事，未之有也。

【出处】 汉·王充《论衡·实知》

【释义】 之：前置宾语，代指这种事。不学习，自己却掌握了知识；不请教，自己却明白了道理，古往今来还没有这种事。

不得以有学之贫贱，比于无学之富贵。

【出处】 北齐·颜之推《颜氏家训·勉学》

【释义】 不应该把有学识的贫贱之士，与没有学识的富贵之人相提并论，因为学识是无价之宝。

日计之而不足，岁计之而有余。

【出处】 战国·庄周《庄子·庚桑楚》

【富春山居图】卷 局部 ［元］ 黄公望 中国台北故宫博物院藏 26－6

【富春山居图】卷 局部 [元] 黄公望 中国台北故宫博物院藏 26-6

【释义】 之：代指获得的成绩。对于学习或工作来说，每天计算一次所得并不多，每年计算一下却是绰绰有余的。

日闻所未闻，日见所未见。

【出处】 唐·吴兢《贞观政要·尊敬师傅》

【释义】 闻：听讲。见：读书。每天都要听没有听过的知识，每天都要看没有看过的文章。

失之东隅，收之桑榆。

【出处】 南朝·宋·范晔《后汉书·冯异传》

【释义】 东隅：东方，指太阳升起之处。桑榆：指太阳落下的地方。早晨失落的，傍晚补回来。喻失去的东西终会补回来。

好问则裕，自用则小。

【出处】 《尚书·钟虺之诰》

【释义】 裕：富足，指学识渊博。自用：自以为是。小：狭小，指学识浅薄。喜欢求教，就会学识渊博；自以为是，就会学识浅薄。

学贵心悟，守旧无功。

【出处】 宋·张载《经学理窟·学大原下篇》

【释义】 学习贵在心领神会，保守住前人的旧观点，毫无用处。

善学其如海，不满也不乏。

【出处】 清 · 无名氏《学忌》

【释义】 善于学习的人，就像大海那样既不自满，也不自卑。

学问不厌，好士不倦，是天府也。

【出处】 战国 · 荀况《荀子 · 大略》

【释义】 勤学好问，不厌其烦；爱好士人，不知疲倦，这就是天然的知识宝库。

学者非必为仕，而仕者必如学。

【出处】 战国 · 荀况《荀子 · 大略》

【释义】 学习的人不一定为了做官，而做官的人却一定要经过学习。

人不说不知，木不钻不透。

【出处】 元 · 佚名《冻苏秦》

【释义】 人不经过教育就不会有知识，木头不用钻子钻就无法穿透。

泛讲未必吻合，而习之纯熟者妙。

【出处】 明 · 王廷相《慎言 · 潜心篇》

【释义】 泛泛地讲，就不会深切体会书中的意旨；只有经常复习，才可十分熟练。

我非生而知之者，好古，敏以求之者也。

【出处】 《论语·述而》

【释义】 我并不是天生就有知识的人，而是喜欢向古人学习，通过努力才获得学问。

不闻不若闻之，闻之不若见之，见之不若知之，知之不若行之。学至于行之而止矣。

【出处】 战国·荀况《荀子·儒效》

【释义】 没有听到不如听到了，听到了不如看见了，看见了不如知道了，知道了不如付诸实行。学习到了实行的阶段，也就到最顶峰了。

不学操缦，不能安弦；不学博依，不能安诗。

【出处】 战国·子思《礼记·学记》

【释义】 不先学习调弦杂弄，指头不灵活，就学不好琴瑟；不先学习广泛地打比喻，就学不好诗。这说明，学习要注重打好基础。

政 治 篇

不在其位，不谋其政。

【出处】《论语·泰伯》

【释义】不任那个职位，就不去谋划那方面的政事。

得众则得国，失众则失国。

【出处】战国·子思《礼记·大学》

【释义】得到民众就可以得到政权，失去民众也就失去了政权。

民惟邦本，本固邦宁。

【出处】《尚书·五子之歌》

【释义】惟：为，是。邦：国。民众是国家的根本，根本巩固了，国家就会安宁。

九州犹虎豹，四海未桑麻。

【出处】明·刘基《古戍》

【释义】敌寇到处侵扰，国家战事不息；人民不得安居乐业，大片土地荒凉。表现出诗人对国宁民安的向往。

民之所好好之，民之所恶恶之。

【出处】战国·子思《礼记·大学》

【释义】统治者应该爱民众之所爱，恨民众之所恨。

好人之所恶，恶人之所好，是谓拂人之性，灾必逮夫身。

【出处】战国·子思《礼记·大学》

【释义】喜欢民众所厌恶的，厌恶民众所喜欢的；是违背人的本性的，灾难必定要降临下来的。

古之君人者，以得为在民，以失为在己；以正为在民，以枉为在己。

【出处】战国·庄周《庄子·则阳》

【释义】古代的英明君主，都把成功的功劳归之于百姓，失败归咎于自己；正确归之于百姓，过错归之于自己。

无土则人不安居，无人则土不守，无道法则人不至，无君子则道不举。

【出处】战国·荀况《荀子·致士》

【释义】没有国土民众就无法安居；没有民众，国土就无法守卫；没有正确的法则，民众就会背叛自己的国家；没有君子，正确的政治原则就无法实行。

有社稷者而不能爱民，不能利民，而求民之亲爱己，不可得也。

【出处】 战国 · 荀况《荀子 · 君道》

【释义】 掌管国家的君王若不能爱护民众，不能施利于民众，却要求民众亲近、爱戴自己，是办不到的。

无爱人之心，无利人之事，而日为乱人之道，百姓讙敖，则从而执缚之，刑灼之，不和人心，如是，下比周贲溃以离上矣，倾覆灭亡，可立而待也。

【出处】 战国 · 荀况《荀子 · 强国》

【释义】 统治者如果没有爱护民众的想法，没有做有利于民众的事情，而是每天都做那些困扰民众的事，百姓就会反抗，不服从其统治。这时，统治者如把他们逮捕起来，施用严刑拷打，烧灼他们，而不去协调民心，那么，民众就会成群结队，四处逃跑，脱离君主。这样的国家其崩溃覆亡立即就会到来。

王者藏于民，霸者藏于大夫，残国亡家藏于箧。

【出处】 春秋·管仲《管子·山至数》

【释义】 被天下人拥护的君主，他把财物储藏在民众家里，使百姓拥有财富；称霸天下的人，他把财物储藏在官吏那里，使官吏拥有财富；将要国破家亡的君主，则搜刮全国的财富，藏到自己的小箱子里。

明德在于论贱，行政在于信贵。

【出处】 汉·刘向《战国策·赵策》

【释义】 要取得显著的功德，必须照顾到下层民众的利益；要贯彻政令，必须使地位高的人们奉行。

安上在于悦下，为己在乎利人。

【出处】 晋·陆机《五等诸侯论》

【释义】 统治者要想维护自己的统治地位，必须爱护和体恤自己的臣民；自己要想得到利益，必须使别人首先获得好处。

农人不饥，而天下肥；蚕妇不寒，而天下安。

【出处】 唐·刘轲《农夫祷》

【释义】 种田人不挨饿，国家就富裕；养蚕的妇女不受冻，国家就安定。

古之善政者，贵于足食；欲求富国者，必先利人。

【出处】 五代·刘昫等《旧唐书·韦坚传》

【释义】 古代善于管理国家的人，重要的是使百姓免除饥饿；想要使国家富足的人，首先必须要让民众得到实惠。

责饱者必炊饭，责暖者必缝衣，责治者必养民。

【出处】 清·唐甄《潜书·达政》

【释义】 责：要求。炊饭：烧火做饭。治：安定。养民：使人民得到休养。要使肚子饱就必须做饭，

要使身体暖就必须做衣服，要使国家安定就必须使人民得到休养。意谓民众安乐，国家才会安定。

鱼无水，则不可以生；人失足，必不可以步；国失民，亦不可以治。

【出处】 北齐·刘昼《刘子·贵农》

【释义】 治：安定。鱼离开了水，就不能够存活；人失去双脚，就不能够步行；国家丧失了民心，就不能够安定。说明国家安定的关键，在于深得民心。

众怒难犯，专欲难成。

【出处】 春秋·左丘明《左传·襄公十年》

【释义】 众怒：众人的愤怒。专欲：个人专断的欲望。众人的愤怒难以触犯，个人专权的欲望难以成功。

政之所兴在顺民心，政之所废在逆民心。

【出处】 春秋·管仲《管子·牧民》

【释义】 废：败坏。逆：背。国家政事之所以兴旺，在于符合民心；国家政事之所以败坏，在于背叛民心。民众是组成国家的基础，国家的政事只有顺乎民心，符合人民的愿望，才能行得通；若背逆民心，不符合人民的愿望，就行不通。

治国之道，爱民而已。

【出处】 汉·刘向《说苑·政理》

【释义】 道：这里指方法。而已：罢了。治理国家的方法，不过是爱护人民罢了。

正法以齐官，平政以齐民。

【出处】 战国·荀况《荀子·富国》

【释义】 严明法纪以整饬官吏，改进政治以使百姓一致。

至治之世，其民不好空言虚辞，不好淫学流说。

【出处】 秦·吕不韦《吕氏春秋·知度》

【释义】 治理得好的社会，百姓不喜欢空言虚辞和不正派的学说、胡乱的言论。

自古皆有死，民无信不立。

【出处】 《论语·颜渊》

【释义】 自古以来人终究是要死的，一个国家不能得到老百姓的信任就要垮掉。

治国无法则乱，守法而弗变则悖。

【出处】 秦 · 吕不韦《吕氏春秋 · 察今》

【释义】 治理国家，没有法令、制度就会乱；遵守陈法，不能根据形势加以变更，这是错误的。

治国不以礼，犹无耜而耕也。

【出处】 战国 · 子思《礼记 · 礼运》

【释义】 治理国家不用礼仪制度，就好比要耕作而没有农具一样。

摇镜则不得为明，摇衡则不得为正。

【出处】 战国 · 韩非《韩非子 · 饰邪》

【释义】 摇动镜子就不能得到清楚的人像，摇晃秤杆就不能得到准确的度量。喻指动乱不定就遗患无穷。

不信仁贤，则国空虚。无礼义，则上下乱。无政事，则财用不足。

【出处】 战国·孟轲《孟子·尽心下》

【释义】 不信任仁德贤良的人，国内就会显得人才缺乏了。不讲究礼义，上上下下的关系就会混乱。不干正当的事情，国家的财力自然就会不够。

召远在修近，闭祸在除怨。

【出处】 春秋·管仲《管子·版法》

【释义】 要把边境以外的人引进国内，关键在于整治好国内；要堵塞祸患的产生，关键在于消除人民的怨恨。

大匠不斫，大勇不斗。

【出处】 秦·吕不韦《吕氏春秋·贵公》

【释义】 高明的木工不一定亲自去砍削木料，真正勇敢的人不随便和人动武。喻指管理国家的人往往目光远大。

民之治乱，在于吏；国之安危，在于政。

【出处】汉·贾谊《新书·大政下》

【释义】老百姓治理得好与乱，关键在于官吏；国家是安定还是危险，关键在于国家的政策。

存亡祸福，皆己而已；天灾地妖，不能加也。

【出处】三国·魏·王肃《孔子家语·五仪解》

【释义】国家的存在与灭亡，灾祸与安稳，都在于统治者自己；天上的灾害，地下的妖异，都不可能把这些强加在你头上。

明君治难于其易，去恶于其微。

【出处】晋·葛洪《抱朴子·用刑》

【释义】贤明的君主，是在比较容易处理的时候解决困难问题，是在邪恶势力比较微弱的时候就除掉它。

善为国者必先治其身，治其身者慎其所习。

【出处】晋·陈寿《三国志·魏书》

【释义】善于治理国家的人，首先要把握好自己；把握自己的关键在于慎重对待自己所学到的。

暗于治者，唱繁而和寡；审乎物者，力约而功峻。

【出处】 晋·陆机《演连珠》

【释义】 治理国家糊涂的人，虽然说得好听，但拥护他的人却很少；能正确地认识客观事物的人，办事可以费小力而收到大的效果。

理生于危心，乱生于肆志。

【出处】 五代·刘昫等《旧唐书·李绛传》

【释义】 国家得到治理，是由于当政者居安思危，行为谨慎；国家发生动乱，是由于掌权人随心所欲，恣意妄为。

交则泰，不交则否，自古皆然。

【出处】 明·王鏊《亲政篇》

【释义】 君臣上下齐心，国家就能安宁，否则，政治就会变坏，自古以来都是这样。

剔大蠹者，木必凿；去大奸者，国必伤。

【出处】明·刘基《拟连珠》

【释义】除去大的蛀虫，木材必然要被凿坏；去掉大的奸臣，国家必定要受到创伤。喻指从大奸臣手中拯救国家，虽然必受到一些损失，但却值得。

一目之视也，不若二目之视也；一耳之听也，不若二耳之听也；一手之操也，不若二手之强也。

【出处】战国·墨翟《墨子·尚同下》

【释义】操：握，拿。强：有力。一只眼睛看，不如两只眼睛看得明白；一只耳朵听，不如两只耳朵听得清楚；一只手握住，不如两只手握得有力。比喻君主治国，应有贤臣辅佐。

人心无算处，国手有输时。

【出处】唐·裴说《棋》

【释义】国手：一国之中下棋最好的选手。任何人都有考虑不全面的时候，即使是国手，也总不能保证每局棋都赢。说明不论什么人都有办错事情的时候，不能苛责于人。

力弱者勿任其厚负，才卑者勿尸其隆位。

【出处】 宋·黄晞《聱隅子·三王篇》

【释义】 任：使担负。厚负：厚重的东西。卑：低下。尸：居其位而不做事。隆位：高位。力气小的人不要让他背很多的东西，才能低下的人不要让他占据高位。意谓要以才能大小选用人，才高则职位高，才低则职位低。

又闻理与乱，系人不系天。

【出处】 唐·李商隐《行次西郊作一百韵》

【释义】 理：治，安定。系：取决于。国家是安定还是混乱，在于人而不在于天。意谓治理国家，不能光想靠天助，而靠正确用人。

与其用之之疑，曷若取之之慎。

【出处】 宋·李觏《强兵策》之六

【释义】 曷若：怎比得上。曷，怎么。对待人才，与其在使用的时候心存疑忌，倒不如在选拔的

时候小心谨慎。意谓对待人才要慎重选取，既然使用了，就必须充分信任。

采玉者破石拔玉，选士者弃恶取善。

【出处】 汉·王充《论衡·累害》

【释义】 开采美玉的人，需要劈开石头取出宝玉；选拔贤能的人，也要抛弃他的缺点而取他的优点。

积乱之后，当生大贤。

【出处】 隋·王通《文中子·中说》

【释义】 积乱：长期动乱。大贤：极有道德和才能的人。在长期动乱之后，常常会产生极有道德和才能的人。

宣父犹能畏后生，丈夫未可轻年少。

【出处】 唐·李白《上李邕》

【释义】 宣父：对孔子的敬称。孔子尚且敬畏后生，大丈夫不可轻视少年人。

试玉要烧三日满，辨材须待七年期。

【出处】 唐·白居易《放言五首》其三

【释义】 辨别玉石要烧满三日火才能试出来，分辨木材也需要待七年后才能分辨清楚。

剖开顽石方知玉，淘尽泥沙始见金。

【出处】 明·冯梦龙《古今小说·张道陵七试赵升》

【释义】 顽：顽固。剖开顽固的石头才能知道玉石，淘尽泥沙才能见到金子。

见雨则裘不用，升堂则蓑不御。

【出处】 汉·刘安《淮南子·齐俗训》

【释义】 升堂：指进屋。御：用。遇到下雨天，就不穿皮袄；进入屋内，就不用蓑衣。

治身者以积精为宝，治国者以积贤为道。

【出处】 汉·董仲舒《春秋繁露·通国身》

【释义】 治身：调养自身。道：方法，途径。善于调养自身的人，以积蓄精力为最宝贵；善于治理国家的人，以积聚贤才为正确的途径。

任能者责成而不劳，任己者事废而无功。

【出处】 汉·桓宽《盐铁论·刺复》

【释义】 任能：任用有才能的人。责成：督责他人完成任务。不劳：自己并不劳累。任己：凡事自己去做。事废：事情做不成。无功：没有功效。善于任用能人的人督责他们去完成任务而自己并不劳累，凡事都要自己动手去做的人，事情做不成而没有功效。

大器不可小用，小士不可大任。

【出处】 南朝·梁·萧绎《金楼子·杂记下》

【释义】 大器：喻指才能高，能担当大事的人。小士：指才能小，不能担当大事的人。才能高的人不可予以小用，才能低的人不可委以大任。

治天下者，以人为本。

【出处】 唐·吴兢《贞观政要·择官》

【释义】 人：辅佐的人。治理天下，要以选择好辅佐的人为根本大事。这两句可借用来说明选拔人才的重要性。

不以求备取人，不以己长格物。

【出处】 唐·吴兢《贞观政要·任贤》

【释义】 求备：要求完美。取：选取，采用。己长：自己的长处。格物：要求事物。不以完美的标准去衡量人，不用自己的长处去要求事物。

善用人者必使有材者竭其力，有识者竭其谋。

【出处】 宋·欧阳修《乞补馆职札子》

【释义】 材：才能。识：见解。善于用人的人一定使有才能的人竭尽自己的力量、有见识的人竭尽自己的智谋。

能用度外人，然后能周天下。

【出处】 宋·沈括《梦溪笔谈》卷二十五

【释义】 度外：常规之外。周：救济，这里是治理的意思。能不按传统的常规去任用人，这样才能把天下治好。

身之病待医而愈，国之乱待贤而治。

【出处】 汉·王符《潜夫论·思贤》

【释义】 身体患病有待良医治愈，国家混乱需要贤才治理。

不弃死马之骨者，然后良骥可得也。

【出处】唐·白居易《为人上宰相书》

【释义】不舍弃死马的骨头，过不了多久，世所稀有的千里马也就能够得到了。

牛骥以并驾而俱疲，工拙以混吹而莫辨。

【出处】明·张居正《陈六事疏》

【释义】骥：骏马。并驾：并排拉一辆车。工拙：精巧和笨拙，指善于吹奏和不善于吹奏。混吹：混合吹奏。辨：分清。老牛和骏马因为合拉一辆车而一起疲劳。善吹奏的和不善吹奏的因为一同吹奏而不能分出好坏。喻指不分才能高下一同使用，无法显出究竟谁有才、谁无才。说明必须选拔和使用贤才，摒斥无能之辈。

龙欲升天须浮云，人之仕进待中人。

【出处】三国·魏·曹植《当墙欲高行》

【释义】龙要升上天空需要依靠浮云，贤人在仕途上求得进取有待他人的推荐。

骐骥长鸣，伯乐昭其能。

【出处】 三国·魏·曹植《求自试表》

【释义】 骐骥一声长鸣，伯乐便知道它是否能行千里。喻指识才要有独特眼光。

赏气者必采秽薮之芳蕙。

【出处】 晋·葛洪《抱朴子·名实》

【释义】 喜欢呼吸芳香空气的人，一定能从污秽的杂草中采集到香草。喻指有识别人才能力的人一定能在一般人中发现人才。

连林人不觉，独树众乃奇。

【出处】 晋·陶潜《饮酒》

【释义】 一大片树木，引不起人们的注意，孤零零的一棵树，人们便认为奇特。喻指人才容易在群体中被忽视。

用圣臣者王，用功臣者强，用篡臣者危，用态臣者亡。

【出处】 战国·荀况《荀子·臣道》

【释义】 用聪明智慧的臣子治国，可以称王于天下；用功绩巨大的臣子治国，国家就强盛；用篡夺君权的臣子治国，国家就危险；用谄媚奸佞的臣子治国，国家就灭亡。

小知不可使谋事，小忠不可使主法。

【出处】战国·韩非《韩非子·饰邪》

【释义】智谋不高的人，不可以让他谋略政事；忠心不大的人，不可以让他主持法律。

备长在乎任贤，安高在乎同利。

【出处】春秋·管仲《管子·版法》

【释义】准备长久之计的关键在于任用贤人，稳固高官职位的关键在于上下同利。

以绳墨取木，则宫室不成。

【出处】秦·吕不韦《吕氏春秋·高义》

【释义】要求木料像直线一样正直才能用，那么宫殿就建筑不成了。喻指任何贤才也都会有缺点，任用时要看其主要方面。

家贫则思良妻，国乱则思良相。

【出处】汉·司马迁《史记·魏世家》

【释义】家境贫困就盼望有一位勤俭持家的好妻子，国家动乱就希望有一位才华出众的好宰相。

赏不加于无功，罚不加于无罪。

【出处】战国·韩非《韩非子·难一》

【释义】 加：施及。奖赏不给予无功劳的人，处罚不施及没有罪过的人。

赏不遗疏远，罚不阿亲贵。

【出处】 唐·吴兢《贞观政要·择官》

【释义】 遗：遗漏。疏远：指不亲相近的人。阿：迎合，偏袒。亲贵：王室至亲。奖赏不漏掉无亲无故的人，惩罚不偏袒皇亲国戚。意谓赏罚应当一视同仁。

赏务速而后有劝，罚务速而后有惩。

【出处】 唐·柳宗元《断刑论（下）》

【释义】 劝：听从。惩：警戒。奖赏一定要迅速，这样才能起到劝善的作用；处罚一定要迅速，这样才能引起人们的警戒。

礼不下庶人，刑不上大夫。

【出处】 战国·子思《礼记·曲礼上》

【释义】 庶人：指平民百姓。大夫：官名，夏、商、周时，在卿以下，士以上，又分上、中、下三等。礼仪不能用于平民百姓，刑罚不能上加于官僚贵族。

举事必循法以动，变法者因时而化。

【出处】秦·吕不韦《吕氏春秋·察今》

【释义】举事：施政。治理国家一定要按照法度来行动，变法的人要根据时代的变化来改变法度。

国有常法，虽危不亡。

【出处】战国·韩非《韩非子·饰邪》

【释义】国家有稳定不变的法制，虽然可能遇到危险，但不会灭亡。

富于财而无义者，刑。

【出处】汉·陆贾《新语·本行》

【释义】对于有钱财而没有道义的人，应该给予惩罚。

军　事　篇

力则力取，智则智取。

【出处】　明·施耐庵《水浒传》第十六回

【释义】　力则力取：敌若以力攻，我则以力取。敌人以强力进攻，我们则以力对力，用强力取胜；敌人以智谋暗算，我们则将计就计，用智谋取胜。

万人必死，横行天下。

【出处】　三国·蜀·诸葛亮《正议》

【释义】　横行：无所遮拦。万人的军队如果都抱着拼命精神，就能驰骋天下无敌手。

一日纵敌，数世之患。

【出处】　春秋·左丘明《左传·僖公三十三年》

【释义】　一次轻易地放过敌人，就会留下无穷的后患。

攻其无备，出其不意。

【出处】 春秋·孙武《孙子·计篇》

【释义】 出：出动，此指出击。趁敌人没有准备时进攻，在敌人意料不到时进行袭击。成语“攻其不备”、“出其不意”即源于此。

兵贵胜，不贵久。

【出处】 春秋·孙武《孙子·作战》

【释义】 兵：用兵作战。胜：此指速胜。久：持久。用兵作战贵在速战速决，不宜旷日持久。

知彼知己者，百战不殆。

【出处】 春秋·孙武《孙子·谋攻》

【释义】 殆：危险。既了解敌方，又了解己方，打上一百次仗也不会有危险。成语“知彼知己”即源于此。

天时不如地利，地利不如人和。

【出处】 战国·孟轲《孟子·公孙丑下》

【释义】 天时：指天气、时令等适合作战的天然条件。地利：地理形势有利。人和：人心一致，深得民心。谓有良好的天气时令，不如地理形势有利；地理形势有利，又不如深得人心，团结一致。

说 理 篇

九折臂而成医。

【出处】 战国·屈原《九章·惜诵》

【释义】 九：虚数，极言其多。成医，成为医生。《孔丛子·嘉言》作“三折肱为良医”，后人常用以说明人可以在挫折和失败中增长见识和才能。多次折断手臂之后，在痛苦中能学成一种医术。

三人成虎，十夫揉椎。

【出处】 汉·刘向《战国策·秦策》

【释义】 揉：拿。椎：木棒、木槌之类的用具。三个人说有老虎，就会使许多人相信真有老虎，于是就会有十个人拿起木棒去打老虎。

观水有术，必观其澜。

【出处】 战国·孟轲《孟子·尽心上》

【释义】 澜：大波浪。看水势有一定的方法，那就是要看它的壮阔的波澜。指观察事物要把握大的方面。

名正理顺，垂之无穷。

【出处】 唐·颜真卿《请复七圣谥号状》

【释义】 垂：传下去。名义正，理由通，这种事情就可以永远不断地流传下去。

临渊羡鱼，不如退而结网。

【出处】 汉·班固《汉书·董仲舒传》

【释义】 结：织。面对深渊里的游鱼馋得想吃，光眼红羡慕没用，不如回去自己织了网来捕捉。常用以比喻光喜爱某种东西没有用，而要自己努力去争取。

道可道，非常道；名可名，非常名。无名，天地之始；有名，万物之母。

【出处】 春秋·老子《道德经》

【释义】 道，可说出的，就不是永恒的道；名，可叫出的，就不是永恒的名。无名，是天地的原始；有名，是万物的根本。

贵以贱为本，高以下为基。

【出处】 春秋·老子《道德经》

【释义】 贵以贱为根本，高以下为基础。

祸兮福之所倚；福兮祸之所伏。孰知其极？其无正。正复为奇，善复为妖。人之迷，其日固久！

【出处】春秋 · 老子《道德经》

【释义】极：终极。正：定。灾祸啊，幸福就倚靠在它的旁边；幸福啊，灾祸就埋藏在它的里面。谁知道它们的究竟？它们没有定准。正忽而变为邪，善忽而变为恶。人们的迷惑，已经很久了。这里老子谈了祸福相因的道理。一切事物都在对立的情境中反复交替变化着，坏事可变成好事，好事也会变成坏事，“塞翁失马，安知非福”的故事，就是明证。

生于忧患，死于安乐。

【出处】战国 · 孟轲《孟子 · 告子下》

【释义】在忧愁困苦的环境中能够获得生存，而在安逸快乐的环境中会使人遭到毁灭。

经典国学口袋书

26－7 【富春山居图】卷 局部 ［元］黄公望 中国台北故宫博物院藏

26 - 7　【富春山居图】卷 局部［元］黄公望　中国台北故宫博物院藏